JN115099

東大クイズ研の
すごいクイズ 《第3版》

500 difficult quizzes by the university of tokyo quiz club

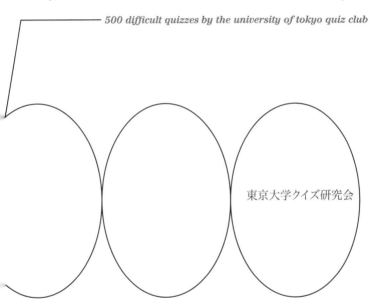

東京大学クイズ研究会

目次

テレビのクイズ番組では満足できない。

そんなクイズ好きの方に挑んで頂きたい問題を揃え
ました。

この度は『東大クイズ研のすごいクイズ500』をお
買い求め頂きありがとうございます。本書は題名の通
り、東大クイズ研究会のメンバーが作成した珠玉の
500問を収録しております。問題のレベルは、基礎を
確認する「レベル1」から非常に難しい「レベル5」
までの全5段階。特にレベル5は、東大クイズ研究会
に所属するメンバーでさえも、正答率は10%を下回る
難問ばかりです。しかしながら問題の答えがわからな
い場合でも、知っておきたいエピソードや関連知識が
充実した解説をそれぞれ記載しておりますので、あわ
せて楽しんで頂ければ幸いです。問題はジャンルごと
に記載しておりますが、最終章は「難問の中の難問」
といえる58問を並べております。腕に覚えのある方は、
こちらにも挑戦してみてください。本書があなたのク
イズに対する考えに一石を投じるものとなれば嬉しい
限りです。

東京大学クイズ研究会

第1章

Q. 01　難易度 ★☆☆☆☆　　1 2 3

この時代に使用された土器が出土した地名に由来する、日本の考古学上の時代区分で縄文時代に続く時代は何時代？

Q. 02　難易度 ★☆☆☆☆　　1 2 3

兄ウィルバー、弟オービルのアメリカ人兄弟で、1903年、世界で初めて飛行機による有人飛行に成功したのは何兄弟？

Q. 03　難易度 ★☆☆☆☆　　1 2 3

剣闘士の戦いなどを観るために、ネロの黄金宮殿の跡地に造られた古代ローマの円形闘技場は何？

Q. 04　難易度 ★☆☆☆☆　　1 2 3

鎌倉時代の新仏教の開祖で、浄土宗を開いたのは法然ですが、浄土真宗を開いたのは誰？

Answer

01 弥生時代

解説 ▶

時代の名称である「弥生」は、現在の東京都文京区弥生の向ヶ丘貝塚で発見された土器が出土した地名から「弥生土器」と命名されたことにちなむ。なお発見されたのは偶然にも旧暦の弥生にあたる1884年3月のこと。

02 ライト兄弟

解説 ▶

1903年、キティホークで、ライトフライヤー号の飛行に成功。実は七人兄弟で兄は三男、弟は四男。ちなみに1783年、モンゴルフィエ兄弟が熱気球、1890年頃、リリエンタール兄弟がグライダーによる有人飛行に成功。

03 コロセウム（コロッセオ）

解説 ▶

正式名称はフラティウス円形闘技場。4階建て、収容人数は約5万人という巨大な施設で、柱にはいわゆるギリシャ建築三様式であるイオニア式、ドーリア式、コリント式のすべてが使われている。

04 親鸞（しんらん）

解説 ▶

法然はただ念仏を唱える「専修念仏」を重要とした。法然の弟子の親鸞はその教えをさらに進め、浄土真宗を開いて「悪人正機説」などを唱えた。また、ひたすらに念仏を唱えることから浄土真宗は「一向宗」の別名を持つ。

●この本の使い方

まずは何も見ずに500問解いてみましょう。その際、解説を熟読することで知識の定着を確実に行うことができます。

一通り解き終わったら、もう一度この本の最初から解き直してください。各問題ごとに1・2・3のチェック欄を設けましたので、問題を解くごとに正誤をチェックをしておくと、知識が着実についているのが実感できるでしょう。

Q. 05　難易度 ★★☆☆☆　　1 2 3

1517年、教皇が販売する免罪符に対して『95ヶ条の論題』を発表し、宗教改革を行ったドイツの宗教家は誰?

Q. 06　難易度 ★★☆☆☆　　1 2 3

匈奴に降伏した李陵を弁護したため宮刑に処せられた、歴史書『史記』を完成させた中国の歴史家は誰?

Q. 07　難易度 ★★☆☆☆　　1 2 3

平城京遷都の後に権力を握り、藤原氏繁栄の基礎を築いた「藤原四兄弟」の父親である、奈良時代の公卿は誰?

Q. 08　難易度 ★★☆☆☆　　1 2 3

著書に『西洋紀聞』『折(おり)たく柴の記』などがある、6代将軍家宣や7代将軍家継に仕え、「正徳の治」と呼ばれる文治政治を行った江戸時代の儒学者は誰?

Q. 09　難易度 ★★☆☆☆　　1 2 3

16世紀初頭に南米を征服したスペイン人冒険家たちのことを、「征服者」を意味するスペイン語で何という?

Answer

05 (マルティン・)ルター

解説 ▶

「免罪符を購入すれば罪が軽減される」という考えに反論し、1517年『95ヶ条の論題』を発表、宗教改革の発端となった。ちなみにボウリングの由来となった「ナインピンズ」を考案した人物ともいわれる。

06 司馬遷

解説 ▶

将軍・李陵を弁護したことで武帝の怒りを買い、宮刑に処せられたが、立ち直り『史記』を著した。ちなみに作家・司馬遼太郎のペンネームは「司馬遷には遼(はるか)に及ばない」という意味。彼の本名は福田定一(ていいち)。

07 藤原不比等

解説 ▶

大化の改新の中心人物・藤原鎌足の息子。平城京遷都に尽力し養老律令編纂の中心となった。なお、藤原四兄弟とは、南家の祖・武智麻呂、北家の祖・房前(ふささき)、式家の祖・宇合(うまかい)、京家の祖・麻呂の4人。

08 新井白石

解説 ▶

正徳の治では物価高騰抑制のため貨幣改鋳、「海舶互市新例」による貿易制限・金銀流出防止、通信使の待遇簡素化といった政策がとられた。主著『西洋紀聞』は宣教師シドッチへの尋問で得た西洋の情報を記録したもの。

09 コンキスタドール

解説 ▶

アステカ文明を滅ぼしたコルテスとインカ文明を滅ぼしたピサロが有名。ちなみに、アステカ王のモクテスマ2世は、コルテスらを「ケツァルコアトル」という神の再来と誤解し歓迎したために、滅亡を早めてしまったといわれる。

Q. 10　難易度 ★★★☆☆　　1 2 3

合理的な思考を始めたため「哲学の父」とされる、「万物の根源は水である」と主張した古代ギリシャの哲学者は誰?

Q. 11　難易度 ★★★☆☆　　1 2 3

ワシントンのフォード劇場で、劇を観賞中のリンカーン大統領を暗殺した俳優は誰?

Q. 12　難易度 ★★★☆☆　　1 2 3

19世紀前半、産業革命期のイギリスで起こった、労働者による「機械打ちこわし運動」のことを、架空の指導者の名前にちなんで何という?

Q. 13　難易度 ★★★☆☆　　1 2 3

日本の最初の元号は大化ですが、前漢の武帝が制定した中国の最初の元号は何?

Q. 14　難易度 ★★★☆☆　　1 2 3

南北朝時代に分裂した2つの皇統のうち、亀山天皇にルーツを持ち南朝の勢力が支持したのは何?

Answer

10 タレス

解説 ▶

> 万物の根源を古代ギリシャ語でアルケーという。多くの哲学者がアルケーについて論じており、ヘラクレイトスは火、アナクシメネスは空気、エンペドクレスは土・空気・火・水、アナクシマンドロスはアペイロン(無限)であると主張した。

11 (ジョン・)ブース

解説 ▶

> 他に暗殺された大統領にはチャールズ・ギトーに暗殺されたガーフィールド、レオン・チョルゴッシュに暗殺されたマッキンリー、疑惑は残るがリー・オズワルドが暗殺犯とされるケネディがいる。

12 ラッダイト運動

解説 ▶

> 指導者とされた架空の人名「ネッド・ラッド」に由来。機械の誕生によって失業に追い込まれた手工業職人が起こした。ちなみに産業革命期の発明家には、ワット(蒸気機関)、トレビシック(蒸気機関車)などがいる。

13 建元

解説 ▶

> 紀元前140年～135年まで使用された。元号は基本的に漢字2文字だが3文字以上のものも存在する。日本では3文字の元号はないが、天平感宝から神護景雲までの5つが漢字4文字の元号として存在する。

14 大覚寺統

解説 ▶

> 後嵯峨天皇が後継が決まらないまま崩御してしまい、後深草上皇の持明院統(北朝)と亀山天皇の大覚寺統(南朝)が対立するようになった。1392年の南北朝統一以後、南朝は衰退し北朝が皇位を継承した。

Q. 15　難易度 ★★★☆☆　　1 2 3

著書に『自省録』がある第16代ローマ皇帝で、五賢帝最後の皇帝といわれるのは誰？

Q. 16　難易度 ★★★☆☆　　1 2 3

「哲学」という言葉のもとになったとされる「希哲学」という訳語を"philosophy"に与えた日本の思想家は誰？

Q. 17　難易度 ★★★☆☆　　1 2 3

1501年、イスマイール1世が建国したイスラム王朝で、「世界の半分」と称されたイスファハーンを首都としたのは何？

Q. 18　難易度 ★★★☆☆　　1 2 3

桃園天皇が崩御したことにより即位した第117代天皇で、現時点で最後の女性天皇であるのは誰？

Q. 19　難易度 ★★★☆☆　　1 2 3

著書に『ソルフェリーノの思い出』がある、赤十字を創設し、第1回ノーベル平和賞を受賞した実業家は誰？

Answer

15 マルクス・アウレリウス・アントニヌス

解説 ▶
五賢帝とはネルヴァ、トラヤヌス、ハドリアヌス、アントニヌス・ピウスとマルクス・アウレリウスの5人のローマ皇帝のこと。繁栄の時代とされ、トラヤヌス帝の時代、ローマ帝国の領土は最大となった。

16 西周（にし・あまね）

解説 ▶
「賢哲を希（ねが）う」という意味で「希哲学」と名付けたが、その後の『百一新論』では「哲学」となっており、これが「哲学」という言葉の初登場である。ちなみに、"Existenz"を「実存」と訳したのは九鬼周造。

17 サファヴィー朝

解説 ▶
16〜18世紀に現在のイラン一帯を支配した王朝。建国時はタブリーズを都としたが、最盛期を支えたアッバース1世がイスファハーンに遷都し、その繁栄は「世界の半分」と呼ばれた。シーア派を国教としたことでも有名。

18 後桜町天皇

解説 ▶
過去に存在した女性天皇は8人10代。このうち、皇極天皇は斉明天皇として、孝謙天皇は称徳天皇として重祚（一度退位した君主が再び即位すること）している。また、女性天皇として最初に即位したのは推古天皇。

19 （アンリ・）デュナン

解説 ▶
実業家として製粉会社を設立し、水利権を得るためナポレオン3世を訪問した際、北イタリアの激戦と惨状を目撃して救護活動に参加。赤十字創設などの功績から、フレデリック・パシーとともに第1回ノーベル平和賞を受賞した。

Q.20 難易度 ★★★☆☆ [1] [2] [3]

「欠地王」と呼ばれることもある、マグナ・カルタ（大憲章）を承認したプランタジネット朝の第3代イングランド王は誰？

Q.21 難易度 ★★★☆☆ [1] [2] [3]

パリ第7大学の通称にもその名を残す、ダランベールと共に百科全書派の筆頭格に数えられる、近代フランスの啓蒙思想家は誰？

Q.22 難易度 ★★★☆☆ [1] [2] [3]

1805年、ナポレオン1世がオーストリアのフランツ1世とロシアのアレクサンドル1世を破った、「三帝会戦」とも呼ばれる戦いは何？

Q.23 難易度 ★★★☆☆ [1] [2] [3]

1303年、聖職者の課税問題で対立していたフランス王フィリップ4世によりアナーニに幽閉され、そのまま憤死したローマ教皇は誰？

Q.24 難易度 ★★★☆☆ [1] [2] [3]

本名を長益（ながます）といった安土桃山時代の茶人で、その号が東京の地名・有楽町の由来となったのは誰？

Answer

20 ジョン王

解説 ▶

> 戦争によりフランス内の領土を多く失ったことから「欠地王」と呼ばれる。教皇インノケンティウス3世から破門されたり、重税を課したりしたため反発を招き、1215年、貴族の権利を認めるマグナ・カルタを承認させられた。

21 (ドゥニ・)ディドロ

解説 ▶

> 『百科全書』は18世紀後半に編纂された百科事典で、啓蒙主義的視点に基づいた知の集積を目指した。ちなみに、パリ大学の通称に名を残す人物には、第5大学のルネ・デカルト、第6大学のピエール&マリー・キュリーがいる。

22 アウステルリッツの戦い

解説 ▶

> この後、ナポレオンはモスクワ遠征に失敗し、ライプツィヒの戦い（諸国民戦争）に敗れて、1814年、エルバ島に流される。翌年、再び皇帝に復帰するも、ワーテルローの戦いで敗北し、流刑地のセントヘレナ島で亡くなった。

23 ボニファティウス8世

解説 ▶

> この事件は「アナーニ事件」と呼ばれる。その後1309年から69年間にわたり、フランス王権の圧力によって、教皇庁はアヴィニョンに移転させられた（教皇のバビロン捕囚）。なお憤死とは、文字通り怒りのあまり死ぬこと。

24 織田有楽斎（うらくさい）

解説 ▶

> 千利休の高弟にして、言わずと知れた戦国武将・織田信長の弟である。彼の屋敷跡附近であるため「有楽町」と呼ばれる。人名が由来とする東京の地名の例として、八重洲のヤン・ヨーステン、道玄坂の大和田太郎道玄などがある。

Q. 25　難易度 ★★★★☆　　1 2 3

江戸時代、第11代古河藩主を務めた人物で、雪の結晶を顕微鏡で観察し『雪華図説』を著したのは誰？

Q. 26　難易度 ★★★★☆　　1 2 3

オランダにより国葬されている、1931年に常設国際司法裁判所の所長となった日本人外交官は誰？

Q. 27　難易度 ★★★★☆　　1 2 3

1974年の軍事クーデターが起こるまで在位していた、エチオピア帝国最後の皇帝は誰？

Q. 28　難易度 ★★★★☆　　1 2 3

1828年、シーボルトが帰国する際に乗船するも、台風の影響で座礁してしまった帆船で、オランダの航海者の名前が付けられているのは何号？

Q. 29　難易度 ★★★★☆　　1 2 3

古代ローマ時代、カエサルによって発行され、民会の議決や重要事項を記載した政府広報で、「世界最古の新聞」とされるのは何？

19

25 土井利位（どい・としつら）

解説 ▶

古河藩主を務めた他に、天保の改革では水野忠邦と対立
した老中。雪にまつわるエピソードでは、1936年、人工
雪の制作に成功し、「雪は天から送られた手紙である」と
いう言葉を残した物理学者・中谷宇吉郎も有名。

26 安達峰一郎

解説 ▶

小村寿太郎を補佐しポーツマス条約の草案作成にあたる
などの功績を残した。1934年、アムステルダムで死去。
他に外国で国葬された日本人としてはブータンの農業に
貢献した西岡京治（1992年没）がいる。

27 ハイレ・セラシエ1世

解説 ▶

ハイレ・セラシエ1世は憲法を制定するなどエチオピア
の近代化に努めた君主。戦後はアフリカ連合（AU）の前
身であるアフリカ統一機構（OAU）の設立に貢献し、その
本部を首都アディスアベバに置くなどの功績を残した。

28 コルネリウス・デ・ハウトマン号

解説 ▶

シーボルトは長崎に鳴滝塾を開いたドイツ人医師。高橋
景保から贈られた日本地図（当時、国外への持ち出しが禁
じられていた）を持ち帰ろうしたが、台風の影響で船が
座礁し発覚。彼は国外追放となった（シーボルト事件）。

29 アクタ・ディウルナ

解説 ▶

紀元前59年、カエサルが執政官となったとき、元老院の
議決を記載した「アクタ・セナトゥス」とともに発行し
た。ディウルナの"diurnus"はラテン語で「毎日の」とい
う意味があり、ジャーナリズムの語源となった。

Q.30　難易度 ★★★★☆　　　1 2 3

259年、エデッサの戦いでササン朝ペルシアに敗北した際に捕えられ、史上初めて外国の捕虜となってしまったローマ皇帝は誰？

Q.31　難易度 ★★★★☆　　　1 2 3

1429年、琉球王国最初の統一王朝を樹立し、その初代国王となった沖縄の指導者は誰？

Q.32　難易度 ★★★★★　　　1 2 3

アイヌに対する近代化支援とキリスト教伝道を生業とした大正期の教育家で、長年にわたる独自調査により「チンギス・ハンは源義経である」との学説を世間に広めたのは誰？

Q.33　難易度 ★★★★★　　　1 2 3

黒人国家でありながら奴隷貿易によって栄え、極端な恐怖政治が行われた、17世紀から19世紀にかけて現在のアフリカ・ベナン付近に存在した国家は何？

Q.34　難易度 ★★★★★　　　1 2 3

社会運動組織ブラフモ・サマージを創設し「近代インドの父」と呼ばれる人物で、ヒンドゥー教の因習・サティーの廃絶に尽力したのは誰？

30 ヴァレリアヌス

解説▶

当時のローマ帝国は、約50年の間に26人もの軍人皇帝が即位・廃位を繰り返した混乱の時代で、彼もその１人であった。彼を捕えたシャープール１世は、ササン朝ペルシアの最盛期を現出した皇帝である。

31 尚巴志（しょう・はし）

解説▶

沖縄は古来より諸地方の按司（豪族）の勢力が強く、当時は北山・中山・南山の大きく３つに分裂していたが、彼の時代に最初の統一が成された。首里城の拡張、那覇港の整備、海外貿易を実施し、琉球王国繁栄の基礎を築いた。

32 小谷部全一郎（おやべ・ぜんいちろう）

解説▶

同様の説はそれ以前にも存在していたが、一躍世間の注目を浴びたのは彼の出版した『成吉思汗ハ源義経也』が契機で、同書は大正末のベストセラーとなった。晩年には「日本人とユダヤ人の同一起源論」も主張した。

33 ダホメ王国

解説▶

奴隷貿易禁止後はフランスに滅ぼされるまでパーム油を輸出した。ヨーロッパがアフリカを勢力圏に入れて以降、ナイジェリアにあったベニン王国・ガーナにあったアシャンティ王国など、奴隷貿易を主産業とする王国が成立した。

34 （ラーム・モーハン・）ローイ

解説▶

自らの義理の姉がサティーにより死んだのを目の当たりにしたことをきっかけに廃絶運動を始めたという。サティーは日本語では「寡婦殉死」と訳され、未亡人が夫の亡骸を焼く火に自ら身を投げて自殺する慣習である。

第2章

文 学 ・ 美 術

Q. 01　難易度 ★☆☆☆☆　　①②③

『ひまわり』や『アルルの寝室』などの代表作で知られる、
オランダの後期印象派の画家は誰?

Q. 02　難易度 ★☆☆☆☆　　①②③

イタリアのベローナを舞台に、モンタギュー家の一人息子
とキャピュレット家の一人娘の悲恋を描いた、シェークス
ピアの戯曲は何?

Q. 03　難易度 ★☆☆☆☆　　①②③

1968年に日本人として初めてノーベル文学賞を受賞した、
代表作に『古都』『伊豆の踊子』『雪国』などがある作家は
誰?

Q. 04　難易度 ★★☆☆☆　　①②③

小説『D坂の殺人事件』で初めて登場した、江戸川乱歩が
生み出した名探偵といえば誰?

Answer

01 (フィンセント・ファン・)ゴッホ

解説▶

生前に売れた絵画は全作品のうち『赤い葡萄畑』の1点
だけだったという。また、晩年には剃刀をもって同居人
のゴーギャンを追いまわす事件や、自分の左耳の耳たぶ
を切り落とし女性に送りつける事件を起こしている。

02 『ロミオとジュリエット』

解説▶

シェークスピアの生地「ストラトフォード・オン・エイ
ボン」は観光地にもなっている。彼の「四大悲劇」とい
えば『オセロ』『マクベス』『リア王』『ハムレット』。テム
ズ川南岸にある彼の作品の多くが初演された劇場は「グ
ローブ座」。

03 川端康成

解説▶

授賞式には紋付袴姿で出席し、記念講演「美しい日本の
私」を行った。後に日本人2人目のノーベル文学賞を受
賞した大江健三郎が行った記念講演は、これをもじった
「あいまいな日本の私」であった。

04 明智小五郎

解説▶

小林少年率いる少年探偵団とともに、怪人二十面相など
と対決した。江戸川乱歩は『二銭銅貨』でデビューし、
日本の探偵小説の基礎を築いた。本名は平井太郎で、ペ
ンネームの由来は推理作家のエドガー・アラン・ポー。

Q. 05　難易度 ★★☆☆☆　1 2 3

日本を代表する文学賞で、芥川賞は芥川龍之介を記念したものですが、直木賞は誰を記念したもの？

Q. 06　難易度 ★★☆☆☆　1 2 3

「十年をひと昔というならば……」という書き出しで始まる、香川県の小豆島を舞台とした壺井栄の小説は何？

Q. 07　難易度 ★★☆☆☆　1 2 3

首都をアーモロートに置く、トマス・モアの著書のタイトルにもなっている理想郷はどこ？

Q. 08　難易度 ★★☆☆☆　1 2 3

「末の松山」「田子の浦」「有馬山」などのように、和歌に多く詠み込まれた地名のことを何という？

Q. 09　難易度 ★★☆☆☆　1 2 3

実際には46枚ある、富士山を描いた葛飾北斎の風景版画の作品群といえば何？

Answer

05 直木三十五

解説 ▶

芥川賞と直木賞は、ともに友人である菊池寛により1935
年に創設された。直木三十五は本名を植村宗一といい、
31歳のときに直木三十一を名乗り、誕生日ごとに三十二、
三十三と筆名を変え、最終的にこの名前に落ち着いた。

06 『二十四の瞳』

解説 ▶

教師の大石久子とその生徒12人の姿を描いた小説。小豆
島の名産品として有名なオリーブは、香川県の県木・県
花にも指定されている。また儒学者・藤沢南岳が命名し
た渓谷「寒霞渓（かんかけい）」があることでも知られる。

07 ユートピア

解説 ▶

その他の理想郷は、ザナドゥ（コールリッジ『クーブラ・
カーン』）、シャングリラ（ヒルトン『失われた地平線』）、
ニライ・カナイ（琉球地方の伝承）、アルカディア（ギリ
シャ）、エル・ドラド（南米）など。

08 歌枕

解説 ▶

本来は単に場所のことを指していたが、後に特定の美的
な様子を連想させる言葉として使用されるようになった。
その他の歌枕としては「逢坂の関」「大江山」「姨捨山」「住
之江」など。

09 『富嶽三十六景』

解説 ▶

最初はタイトル通り36枚の版画を出す予定であったが、
好評だったため10枚の版画が追加され46枚になった。中
でも別名「赤富士」という『凱風快晴』、「黒富士」とい
う『山下白雨』などが特に有名。

Q. 10 難易度 ★★★☆☆ ① ② ③

ルノワールの『ムーラン・ド・ラ・ギャレット』やマネの『草上の昼食』を所蔵し、「印象派の殿堂」と呼ばれるパリの美術館はどこ？

Q. 11 難易度 ★★★☆☆ ① ② ③

「一九三〇年三月八日。神戸港は雨である」という書き出しで始まる、第1回芥川賞の受賞作となった石川達三の小説は何？

Q. 12 難易度 ★★★☆☆ ① ② ③

ハーマン・メルヴィルの小説『白鯨』で、エイハブ船長と死闘を繰り広げる白い鯨の名前は何？

Q. 13 難易度 ★★★☆☆ ① ② ③

H型や三脚型といった種類がある、絵を描くときにキャンバスを載せる台を何という？

Q. 14 難易度 ★★★☆☆ ① ② ③

ギリシャ語で「形」という意味がある、キリスト教の東方正教会において崇拝される、板絵の聖画像のことを何という？

Answer

10 オルセー美術館

解説▶
鉄道の駅を改装し、1986年に開館。印象派とは19世紀半ばに起こった芸術運動で、周囲の光や空気の変化の表現を重視した。しかし当時は冷笑され、モネの『印象・日の出』を観た新聞記者ルイ・ルロワが批判的に命名した。

11 『蒼氓(そうぼう)』

解説▶
ブラジル移民の悲惨な実情を描いた。題名の「蒼氓」は人民を意味する言葉。なお第1回直木賞は川口松太郎が『鶴八鶴次郎』などで受賞。現在芥川賞の受賞作は「文藝春秋」に、直木賞の受賞作は「オール讀物」に掲載される。

12 モービィ・ディック

解説▶
唯一の生き残りである船員イシュメイルの語りによってストーリーが展開する。捕鯨船の名前はピークォド号。登場人物の航海士スターバックは、世界的に有名なコーヒーチェーン店「スターバックス」の由来となった。

13 イーゼル

解説▶
オランダ語で「ロバ」という意味があり、日本語では「画架(がか)」と呼ばれる。夜空には「がか座」という星座があるが、これは本来は「画家」ではなく「画架」、すなわちイーゼルを指していた。

14 イコン

解説▶
パソコンの画面に表示される絵柄「アイコン」は「イコン」の英語読み(icon)に由来。東方正教会はカトリック、プロテスタントと並ぶキリスト教の三大教派の1つで、ビザンツ帝国のキリスト教会を起源とする。

Q. 15　難易度 ★★★☆☆　　1 2 3

平安初期に活躍した書道の三筆とは、空海、嵯峨天皇とあと1人は誰?

Q. 16　難易度 ★★★☆☆　　1 2 3

紫式部の『源氏物語』の54巻のうち、唯一、上・下巻に分かれているのは何?

Q. 17　難易度 ★★★☆☆　　1 2 3

『ワイルドフェル屋敷の人々』を書いたアン、『嵐が丘』を書いたエミリー、『ジェーン・エア』を書いたシャーロットの3人から成る、イギリスの作家姉妹は何姉妹?

Q. 18　難易度 ★★★☆☆　　1 2 3

ティツィアーノの『ウルビノのヴィーナス』、ボッティチェリの『春』『ヴィーナスの誕生』などの絵画が納められている、イタリア・フィレンツェにある美術館は何?

Q. 19　難易度 ★★★☆☆　　1 2 3

芥川龍之介の小説で、「人生は一行のボオドレエルにも若(し)かない」の一節が登場するのは『或阿呆の一生』ですが、「人生は一箱のマッチに似ている」が登場するのは何?

Answer

15 橘逸勢（たちばなのはやなり）

解説 ▶

三筆の中でも空海は「弘法にも筆の誤り」の弘法大師として知られる。また、書道家を称えた表現として、平安中期に活躍した小野道風、藤原行成、藤原佐理の3人を「三蹟」という。

16 『若菜』

解説 ▶

『桐壺』から『夢浮橋』までの全54巻。中でも『橋姫』から『夢浮橋』までの最後の10巻は「宇治十帖」、『玉鬘』から『真木柱』までの10巻を「玉鬘（たまかずら）十帖」と呼ぶ。ちなみに『源氏物語』が執筆されたのは現在の滋賀県にある石山寺。

17 ブロンテ姉妹

解説 ▶

19世紀前半の作家姉妹。その他に文学界を代表する兄弟には、童話で知られるグリム兄弟（兄：ヤーコブ、弟：ヴィルヘルム）、フランス最高の文学賞に名を残すゴンクール兄弟（兄：エドモン、弟：ジュール）などがいる。

18 ウフィツィ美術館

解説 ▶

もともとは行政機関の建物だったため、イタリア語で「事務所」という意味の名前が付けられている。アルノー川の向かいにあるピッティ宮殿とは、約1キロにも及ぶ通路「ヴァザーリの回廊」でつながっていることでも有名。

19 『侏儒の言葉』

解説 ▶

「重大に扱うには莫迦莫迦（ばかばか）しいが、重大に扱わねば危険である」の意。ちなみに「人生はチョコレートの箱」は、映画『フォレストガンプ／一期一会』に登場した台詞で、「開けてみるまで中身は判らない」の意。

Q.20　難易度 ★★★☆☆　　　1 2 3

詩人の伊東静雄と作家の司馬遼太郎の2人に共通する命日
は何忌？

Q.21　難易度 ★★★☆☆　　　1 2 3

「ではみなさんは、そういうふうに川だと云われたり
……」という書き出しで始まる、宮沢賢治の小説は何？

Q.22　難易度 ★★★☆☆　　　1 2 3

ニューヨーク・リバティ島に立つ「自由の女神像」を作成
した、フランスの彫刻家は誰？

Q.23　難易度 ★★★☆☆　　　1 2 3

『おーい でてこーい』『ボッコちゃん』『エヌ氏の遊園地』
などの代表作がある、短編小説より短い形式の作品「ショ
ートショート」を千篇以上発表した、日本の作家は誰？

Q.24　難易度 ★★★★☆　　　1 2 3

ひらがなの「る」のみが30個連続して書かれている、草
野心平の詩のタイトルは何？

Answer

20 菜の花忌

解説▶

その他に有名な命日の名前には、河童忌(芥川龍之介)、蝸牛忌(幸田露伴)、石榴忌(江戸川乱歩)、桜桃忌(太宰治)、白桜忌(与謝野晶子)、南国忌(直木三十五)、木蓮忌(内田百閒)、夾竹桃忌(檀一雄) などがある。

21 『銀河鉄道の夜』

解説▶

少年ジョバンニと友人カムパネルラの旅を描いた童話。宮沢賢治は岩手県生まれの詩人・作家で、『風の又三郎』『注文の多い料理店』や詩集『春と修羅』も有名。故郷をモチーフとした理想郷「イーハトーブ」の命名者でもある。

22 (フレデリック・オーギュスト・)バルトルディ

解説▶

自由の女神像は、1886年にアメリカの建国100周年を祝してフランスから贈られたもの。顔のモデルは彼の母親、腕のモデルは彼の妻といわれる。台座にはエマ・ラザラスの詩『新大国』が刻まれている。

23 星新一

解説▶

祖父の小金井良精は解剖学者・人類学者として活躍した人物で、1885年には日本人初の解剖学講義を行い、また日本の石器時代人はアイヌと主張した。祖母は森鴎外の妹・喜美子。父は湿布薬「イヒチオール」を販売した星一。

24 『春殖』

解説▶

草野心平は明治時代、福島県生まれの詩人。宮沢賢治らの詩集の編纂にも携わったほか、蛙を題材とした詩を多く残し「蛙の詩人」と呼ばれた人物。他に1つの点「・」のみで表された『冬眠』など、前衛的な詩でも知られる。

Q. 25 難易度 ★★★★☆ [1] [2] [3]

『Look Mickey』や『ヘアリボンの少女』などの作品を残した、ポップ・アートを代表するアメリカの画家は誰？

Q. 26 難易度 ★★★★☆ [1] [2] [3]

英語以外にも世界中の様々な言語を駆使し、大量の言葉遊びを織り込んだ文体で有名な、アイルランドの作家ジェイムズ・ジョイスの小説は何？

Q. 27 難易度 ★★★★☆ [1] [2] [3]

決闘で死去したプーシキンに触発されて発表した詩『詩人の死』や小説『現代の英雄』などの作品を残した19世紀ロシアの文学者で、自身も決闘によりこの世を去ったのは誰？

Q. 28 難易度 ★★★★☆ [1] [2] [3]

海外ミステリーで、『黄色い部屋の秘密』を著したのはガストン・ルルーですが、『赤い館の秘密』を著したのは誰？

Q. 29 難易度 ★★★★☆ [1] [2] [3]

現在はフィラデルフィア美術館が所蔵している、通称『大ガラス』というフランスの美術家マルセル・デュシャンの代表作は何？

Answer

25 （ロイ・）リキテンスタイン

解説▶

ポップ・アートとは、現代社会の大量生産・消費をテーマとした芸術傾向。中でもキャンベル・スープ缶やマリリン・モンローを描いたアンディ・ウォーホルや、漫画の一コマを拡大して描いたロイ・リキテンスタインは有名。

26 『フィネガンズ・ウェイク』

解説▶

『ユリシーズ』と並ぶジョイスの代表作。あまりの難解さから邦訳は不可能といわれたが、柳瀬尚紀が全訳している。ちなみに、物理学の基本粒子「クォーク」は、本書に登場する鳥の鳴き声を典拠に、マレー・ゲルマンが命名した。

27 （ミハイル・）レールモントフ

解説▶

『現代の英雄』は、主人公ペチョーリンの行動主義的性格や精神的倦怠を描き出し、同時期のロシア文学の潮流「余計者」の典型。他の決闘で死去した有名人に、数学者のガロワやアメリカ初代財務長官ハミルトンらがいる。

28 （アラン・アレクサンダー・）ミルン

解説▶

『赤い館の秘密』はミルン唯一の長編ミステリーで、探偵役のアンソニー・ギリンガムは、横溝正史が金田一耕助を創作する際にモデルとなった。なおミルンの作品で最も有名なのは、いうまでもなく『くまのプーさん』であろう。

29 『彼女の独身者たちによって裸にされた花嫁、さえも』

解説▶

マルセル・デュシャンはダダイスム（第一次大戦以後に興った芸術運動）を代表する芸術家。男性用便器にサインをしただけの『泉』など、日用品を芸術作品とする「レディ・メイド」というオブジェを発表した。

Q. 30　難易度 ★★★★☆　　　1 2 3

大気の乙女イルマタルから産まれたとされる、フィンランドの叙事詩『カレワラ』の主人公は誰？

Q. 31　難易度 ★★★★☆　　　1 2 3

広島の原爆で被爆した閑間重松(しずま・しげまつ)が、同居する姪・矢須子の縁談に悩むという内容の、1989年には今村昌平監督により映画化された井伏鱒二の小説は何？

Q. 32　難易度 ★★★★★　　　1 2 3

連作『シーグラム壁画』でも有名なアメリカの画家で、2012年にはその作品『オレンジ、赤、黄』が現代美術史上最高値の8690万ドルで落札されたのは誰？

Q. 33　難易度 ★★★★★　　　1 2 3

田村隆一らと詩誌「荒地」を創刊し、戦後詩の中心的役割を担った詩人で、1986年に甥の家でスーパーマリオブラザーズに興じている最中、脳溢血で倒れ急死したのは誰？

Q. 34　難易度 ★★★★★　　　1 2 3

中原中也は彼の詩集『ダダイスト新吉の詩』を読んで詩作を志したという、ダダイズム詩の第一人者となった詩人は誰？

Answer

30 ワイナミョイネン

解説 ▶

『カレワラ』はフィンランドの医師エリアス・リョンロートが、カレリア地方の口承文学を集め、体系化した長大な叙事詩。魔法を操る老人ワイナミョイネンの誕生から、彼が国を去るまでの活躍を描いている。

31 『黒い雨』

解説 ▶

原爆を題材にした作品は多く、文学では原民喜『夏の花』、峠三吉『原爆詩集』、大田洋子『屍の街』、井上ひさし『父と暮らせば』などが、漫画ではこうの史代『夕凪の街　桜の国』、中沢啓治『はだしのゲン』などがある。

32 （マーク・）ロスコ

解説 ▶

連作『シーグラム壁画』はNYのレストランの一室に飾られる予定だったが雰囲気が合わず、日本のDIC川村記念美術館など世界各地に散逸した。美術品全体での最高落札額記録は2012年に落札されたムンクの『叫び』。

33 鮎川信夫

解説 ▶

二宮佳景（よしかげ）名義でエラリー・クイーン、コナン・ドイルらの著作を翻訳し、晩年は評論活動も行った。私生活についてはかなりの秘密主義で、2回目の結婚が彼の死後に初めて明らかにされたほどだった。

34 高橋新吉

解説 ▶

「五億年経ったら帰つて来る」という一節が有名な『るす』、「皿」という漢字を冒頭に24個並べた『皿』などの代表作がある。後に仏教や禅から影響を受けた作風に変化し、そちらも高い評価を受けた。

第3章

言葉

Q.01　難易度 ★☆☆☆☆　1 2 3

水無月といえば陰暦6月の別名ですが、神無月といえば陰暦何月の別名？

Q.02　難易度 ★☆☆☆☆　1 2 3

もともとは雅楽の用語であった、舌がうまく回らず言葉がはっきりしないことを、「何が回らない」という？

Q.03　難易度 ★☆☆☆☆　1 2 3

歴史書『史記』に収められた殷の暴君・紂王（ちゅうおう）のエピソードに由来する、豪勢な酒宴を意味する四字熟語は何？

Q.04　難易度 ★★☆☆☆　1 2 3

春の大型連休を「ゴールデンウィーク」といいますが、これはもともとどんな業界の用語？

Answer

01 **10月**

解説 ▶

陰暦6月を水無月という。語源は「厳しい暑さで水が涸れて無くなる月」「田に水を引く月」など諸説ある。神無月は陰暦10月の別名。これも語源は諸説あるが、「国中の神々が出雲大社に集まり、神が不在となる月」が有名。

02 **呂律(ろれつ)が回らない**

解説 ▶

呂律はもともと「りょりつ」といい、雅楽の調子のことを意味していたが、転じて「しゃべる調子」を指すようになった。雅楽に由来する慣用句は他にも「二の舞いを演じる」や「音頭を取る」などがある。

03 **酒池肉林**

解説 ▶

悪女と名高い妲己(だっき)を后とした紂王は、酒を池に満たし肉を木に吊るして林を作り、贅の限りを尽くした宴を行った。この様子を記した『史記』の記述「酒を以って池となし、肉を懸けて林となす」という言葉に由来する。

04 **映画業界**

解説 ▶

昭和26年、現在のゴールデンウィークの期間に上映された映画『自由学校』が、史上最高の売上を記録したことから、映画会社・大映の松山英夫が命名。ゴールデンウィークに対して、秋の大型連休をシルバーウィークともいう。

Q. 05 　難易度 ★★☆☆☆ 　　　　1 2 3

「ナルシスト」の由来となったギリシャ神話の人物・ナルキッソスは、何の花に変身した？

Q. 06 　難易度 ★★☆☆☆ 　　　　1 2 3

長さの単位「メートル」を漢字一字で表記すると「米」ですが、質量の単位「グラム」を漢字一字で表記すると何？

Q. 07 　難易度 ★★☆☆☆ 　　　　1 2 3

朝と晩は吉であるが、昼は凶である六曜の1つで、一般に葬式を避けるべきとされるのは何？

Q. 08 　難易度 ★★☆☆☆ 　　　　1 2 3

「健康のバロメーター」というときの「バロメーター」とは、もともとは何を測る器械のこと？

Q. 09 　難易度 ★★☆☆☆ 　　　　1 2 3

水曜日を指す英語 "Wednesday" の語源となった、北欧神話の最高神は誰？

Answer

05 スイセン

解説▶

> ギリシャ神話によれば、ナルキッソスは泉に映った自分の姿に恋してしまい、相手が自分自身と分からず息絶えてしまうが、その死体の代わりにスイセンが咲いたという。なお、スイセンの学名は"Narcissus"である。

06 瓦

解説▶

> 体積の単位「リットル」ならば「立」と表記される。また、これらの字と桁数を表す漢字とを組み合わせて、「籵（キロメートル）」「瓱（ミリグラム）」「竕（デシリットル）」などといった漢字体系も存在する。

07 友引

解説▶

> 六曜はその日の吉凶を示し、カレンダーなどで目にする。友引は「凶事に友を引く」の意から、葬式は避けるのが良い。他に先勝（午後は凶）、先負（午後は吉）、仏滅（全て凶）、大安（全て吉）、赤口（正午のみ吉）がある。

08 気圧

解説▶

> もともとは「気圧計」を意味した言葉であったが、状態の基準を意味する言葉として使われている。ちなみに風速計は「アネモメーター」、湿度計は「ハイグロメーター」、温度計は「サーモメーター」という。

09 オーディン

解説▶

> オーディンは2羽の烏フギンとムニンを肩にとまらせ、8本脚の馬スレイプニルを引いている。彼の槍の名前はグングニル。また息子の雷神トールは木曜日を指す"Thursday"の語源であり、彼の鎚（つち）の名前はミョルニル。

Q.10　難易度 ★★☆☆☆　　　1 2 3

『論語』に由来する言葉で、「志学」といえば何歳を意味する？

Q.11　難易度 ★★☆☆☆　　　1 2 3

四字熟語「五臓六腑」に数えられる臓器のうち、唯一実際の人体には存在していないのは何？

Q.12　難易度 ★★★☆☆　　　1 2 3

本の評判が良くベストセラーとなることを、中国の都市の名前から「どこの紙価を高める」という？

Q.13　難易度 ★★★☆☆　　　1 2 3

夕刊（ゆうかん）や、手本（てほん）などのように、二字熟語の上の字を訓読みで、下の字を音読みで読むことを何という？

Q.14　難易度 ★★★☆☆　　　1 2 3

お寺で、釣鐘を打ち鳴らすために吊るされている棒のことを何という？

Answer

10 15歳

解説▶

> 『論語』で孔子自身が発言した「吾十有五にして学に志す」から。他に30歳を指す「而立（じりつ）」、40歳を指す「不惑」、50歳を指す「知命」、60歳を指す「耳順」といった言葉がある。

11 三焦（さんしょう）

解説▶

> 「六腑」の１つで、残りの５つは胃・小腸・大腸・胆・膀胱。上焦・中焦・下焦の３つの総称で、腹部にあり絶えず熱を発している。ちなみに「五臓」は肝・心・脾・肺・腎で、陰陽五行説に基づき東洋の医学理論に組み込まれる。

12 洛陽の紙価を高める

解説▶

> 古代中国の国・晋の左思という人物が『三都の賦（ふ）』を書いたとき、その書物を多くの人が書き写そうとしたため、洛陽の紙の値段が上がってしまった故事に由来。洛陽は河南省西部の都市で、古くから後漢や魏の都として栄えた。

13 湯桶（ゆとう）読み

解説▶

> 湯桶とはお湯を入れる容器のことで、この熟語の読み自体も「湯」を訓読みで、「桶」を音読みで読む湯桶読みになっている。反対に、上の字を音読みで、下の字を訓読みで読むことを重箱（じゅうばこ）読みという。

14 撞木（しゅもく）

解説▶

> お寺の鐘を鳴らす道具で、「かねたたき」ともいう。鐘には「乳（ち）」と呼ばれる大小様々の突起が、煩悩の数と同じ108個付けられている。ちなみにサメの仲間には、頭部が突き出したシュモクザメというサメもいる。

Q. 15 難易度 ★★★☆☆　1 2 3

墓前や仏前に多く備えられ仏教と関わりの深いことから、「木偏に佛」と表記される植物は何?

Q. 16 難易度 ★★★☆☆　1 2 3

時機に遅れて役に立たないことのたとえを、「六日の菖蒲(あやめ)、十日の何」という?

Q. 17 難易度 ★★★☆☆　1 2 3

日本語では「連音」という、通常は発音されない語末の子音が、母音から始まる語に連接することで発音される現象をフランス語で何という?

Q. 18 難易度 ★★★☆☆　1 2 3

1尺2寸5分を1尺として、着物を仕立てるときに使う物差しのことを、「曲尺(かねじゃく)」に対して何という?

Q. 19 難易度 ★★★☆☆　1 2 3

今まで誰も行わなかったことを成し遂げることを、「破」という漢字を使った表現で何という?

Answer

15 シキミ

解説 ▶

シキミ科の常緑樹で毒性があり、果実は劇物指定を受けている。中華料理のスパイス・八角は近縁種。なお「梻」は国字で、漢字では「樒」とも書く。ちなみに、神道で多く使われ「榊」と表記される植物はサカキ。

16 菊

解説 ▶

5月5日の端午の節句では、菖蒲や蓬を軒に差し柏餅などを食べるが、6日では役に立たない。また9月9日の重陽の節句では、邪気払いのために菊が必要になるが、10日ではやはり役に立たない。そのような状況を述べた諺。

17 リエゾン

解説 ▶

フランス語のものが特に知られている。例えば、『星の王子さま』で知られる作家のSaint-Exupéryが「サン=エグジュペリ」ではなく「サン=テグジュペリ」と発音されるときにこの現象が生じている。

18 鯨尺

解説 ▶

もともとは鯨のヒゲで作られたことに由来。曲尺の1尺2寸5分を1尺として、江戸時代から和裁用に使われた。名前に「鯨」と付く身近な言葉は他に、鯨幕（葬儀で使う白黒の幕）、鯨波（「えいえいおう」という勝ちどきの声）など。

19 破天荒

解説 ▶

中国の唐の時代に「天荒」（未開で混沌としているさまの意）と呼ばれた荊州から、科挙（官吏の採用試験）に合格者が出たとき、「天荒を破った」といわれた故事に由来する。最近では「豪快な様子」としばしば勘違いされる。

Q. 20　難易度 ★★★☆☆　1 2 3

たとえ非常識でも家の主人のいうことに家族は従わなければならないということを、「亭主の好きな何」という？

Q. 21　難易度 ★★★☆☆　1 2 3

国文法で、単独で文節を作ることができる単語を自立語というのに対し、単独で文節を作ることができない単語を何という？

Q. 22　難易度 ★★★☆☆　1 2 3

主に俳句に使われる表現で、「山笑う」は春を意味しますが、「山粧う（よそおう）」が意味するのはどの季節？

Q. 23　難易度 ★★★☆☆　1 2 3

午前・午後を意味するAM・PMの「M」は何という言葉の頭文字？

Q. 24　難易度 ★★★☆☆　1 2 3

個人のスキャンダルなど興味本位の記事を売り物にする、扇情的な表現が多い新聞の傾向のことを、ある色を使って何という？

Answer

20 （亭主の好きな）赤烏帽子

解説 ▶

烏帽子は黒塗りのものが普通であり、赤い烏帽子は風変わりなものとされるが、主人がこれを好きだといえば、他の家族もそれに従わなければならないということ。烏帽子とは、公家や武家の成人男子が着けた帽子のこと。

21 付属語

解説 ▶

日本語の単語は自立語と付属語の2種類に大別される。自立語は名詞・代名詞などの体言、動詞・形容動詞などの用言、連体詞、接続詞、感動詞、副詞から成り、付属語は助詞・助動詞のみから成る。

22 秋

解説 ▶

それぞれ「春になり草木が芽吹き明るい感じになる様子」「秋になり山肌が紅葉で色付く様子」を指している。同様の表現として、夏は「山滴る（したたる）」、冬は「山眠る」というものが存在する。

23 メリディエム

解説 ▶

メリディエム(meridiem)とは「昼」を意味するラテン語。「ante」「post」と合わせて、それぞれ「昼の前・後」を指す。なおラジオのAM・FMのMは「モジュレーション(modulation)」のこと。

24 イエロージャーナリズム

解説 ▶

ハーストの『ジャーナル』紙とピューリッツァーの『ワールド』紙がスキャンダラスな内容の記事で発行部数を競っており、また両紙が漫画『イエロー・キッド』を作者ごと奪い合っていたことからこの言葉が生まれた。

Q.25 難易度 ★★★☆☆ 1 2 3

英語で、大統領のことを "President" といいますが、副大統領のことを何という？

Q.26 難易度 ★★★★☆ 1 2 3

文章から必要な文字が抜け落ちていることを「脱字」といいますが、余計な文字が入っていることは何という？

Q.27 難易度 ★★★★☆ 1 2 3

男女が深く契っていることのたとえに使われる、雄と雌がそれぞれ 1 つの目と翼しか持たないことから、飛ぶために常に一体となっているという想像上の鳥は何？

Q.28 難易度 ★★★★☆ 1 2 3

「海老で鯛を釣る」と同じ意味の諺で、「鯉を釣る」ときに使う餌は何？

Q.29 難易度 ★★★★☆ 1 2 3

「床」という漢字の部首は「广（まだれ）」ですが、「麻」という漢字の部首は何？

Answer

25 vice president

解説 ▶
"vice"は「副」「代理の」という意味がある英単語。"virtue"（美徳）の対義語として「悪徳」の意で用いられることもある。ちなみに総理大臣は"Prime Minister"という。

26 衍字（えんじ）

解説 ▶
「衍」には「余る」という意味があり、「衍文」ならば語句や文が誤って入っていることを意味する。なお「敷衍」などの熟語には「伸ばす」の意味で使われている。

27 比翼の鳥

解説 ▶
同じような比喩に「連理の枝」がある。白居易が書いた長恨歌の一節の「天に在りては願わくは比翼の鳥となり地に在りては願わくは連理の枝とならんと」で特に有名。また、夫婦が仲睦まじい様子を四字熟語で「比翼連理」という。

28 麦飯

解説 ▶
比較的知名度は下がるが有名な諺と同意味のものとして、「獅子にひれ（虎に翼）」「破れても小袖（腐っても鯛）」「沢庵のおもしに茶袋（暖簾に腕押し）」「死んで花実が咲くものか（命あっての物種）」などが挙げられよう。

29 麻（あさ、あさかんむり）

解説 ▶
「麻」を部首とする漢字は「麿（まろ）」や「麾（さしまねく）」など用例は少ないが、れっきとした部首の1つ。「鬼」「毛」「血」「赤」など漢字それ自体が部首という例も存在している。

1984年に始まった「新語・流行語大賞」の第1回受賞語で、新語部門の金賞は「オシンドローム」でしたが、流行語部門の金賞は何?

英語の時制で、現在形を"present"、過去形を"past"といいますが、完了形は何という?

二重母音の [eɪ] が [aɪ] になる、[h] 音が発声されないなどの音声的特徴がある、ロンドンの労働者階級が話す英語のことを何という?

雍正帝を批判しているとして官吏の査嗣庭(さしてい)が処刑されるという筆禍事件の原因となった、1726年に彼が出題した科挙の試験問題に含まれていた漢字4文字は何?

「新しい国際補助言語」という意味がある、デンマークの言語学者オットー・イェスペルセンによって開発された、人工国際共通言語は何?

30 「○金・○ビ」

解説▶

受賞者は渡辺和博。「同じ職業でも金持ちと貧乏人ではこんなに違う」ことを戯画化した表現で、著書『金魂巻』のテーマであった。なお、同賞が現在のトップテン＝大賞型式になったのは1994年からで、当初は部門別だった。

31 perfect

解説▶

完了形には過去完了・現在完了・未来完了の3つが存在する。ちなみに未来形は"future"、進行形は"progressive"といい、受動態／能動態は"passive/active voice"という。

32 コックニー

解説▶

上流階級には見られない特徴である。映画『マイ・フェア・レディ』では主要テーマとなっており、花売り娘のイライザのコックニーをヒギンズ教授が克服させ、彼女をレディに仕立て上げる様子が描かれている。

33 維民所止

解説▶

出典は『詩経』で、「維(こ)れ民の止(とど)まる所」と読む。「維」と「止」が雍正帝の「雍」と「正」の上部分を消したものであるとの理由から、雍正帝の首を刎ねる意味合いがあったとして糾弾された。

34 ノヴィアル

解説▶

その他の人工言語には、ポーランドの眼科医ザメンホフの開発したエスペラントや、それを改良したイド語などがある。イェスペルセンはこれら既存の人工言語を学んだ後、その欠点を批判してノヴィアルの作成に活かした。

第4章

地 理

Q. 01　難易度 ★☆☆☆☆　1 2 3

別名を「マーカス島」という、東京都小笠原村に属する日本最東端の島はどこ?

Q. 02　難易度 ★☆☆☆☆　1 2 3

カンボジアの国旗にもデザインされている、クメール語で「寺院の町」という意味の遺跡は何?

Q. 03　難易度 ★☆☆☆☆　1 2 3

沖島や竹生(ちくぶ)島といった島が浮かぶ、日本で最も広い湖はどこ?

Q. 04　難易度 ★★☆☆☆　1 2 3

「ヘラクレスの柱」という岩山がある、大西洋と地中海を結ぶ海峡は何?

Answer

01 南鳥島

解説 ▶

日本の最西端は沖縄県の与那国島、最南端は東京都の沖ノ鳥島、最北端は北海道の択捉島。沖ノ鳥島は排他的経済水域の確保のために重要。なお、日本の実効支配が及ぶ最北端の地は宗谷岬の北西にある弁天島である。

02 アンコール・ワット

解説 ▶

12世紀、クメール王国の王・スールヤヴァルマン2世が造営した寺院。当初はヒンズー教の寺院であったが、14世紀頃から仏教寺院となった。都市遺跡「アンコール・トム」(大きな町の意)とともに世界遺産に登録。

03 琵琶湖

解説 ▶

滋賀県の面積の約6分の1を占める日本最大の湖。125にも及ぶ河川が注ぎ込むが、流れ出るのは瀬田川と琵琶湖疏水のみ。ちなみに「急がば回れ」は、その昔、琵琶湖を横断する海路よりも陸路が安全とされたことに由来する。

04 ジブラルタル海峡

解説 ▶

ヨーロッパとアフリカ大陸の間の海峡で、東西に約57km、最も狭いところは13km。ちなみにギネスで「世界一狭い海峡」として認定されているのは、瀬戸内海の小豆島付近にある土渕海峡で、最も狭いところは9.93m。

Q. 05　難易度 ★★☆☆☆　　①②③

スペイン語で「鍋」という意味がある、火山活動によって
生じるくぼんだ地形を何という？

Q. 06　難易度 ★★☆☆☆　　①②③

正式名称を「スフラーフェンハーヘ」という、国際司法裁
判所があるオランダの都市はどこ？

Q. 07　難易度 ★★☆☆☆　　①②③

東京の日本橋から青森県庁までを結んでいる、全長
743.6kmの日本で最も長い国道は何？

Q. 08　難易度 ★★☆☆☆　　①②③

1869年に完成した、紅海と地中海を結ぶ全長約160kmの
エジプトの運河は何？

Q. 09　難易度 ★★☆☆☆　　①②③

現在運行している日本の地下鉄のうち、札幌・東京・京都
の3都市を走る路線に共通する名称は何？

Answer

05 カルデラ

解説 ▶

地下のマグマが噴出し空洞ができた結果、陥没したり、
火山の爆発で上部が吹き飛ばされたりして生じる。日本
では阿蘇山が有名。ちなみに阿蘇山の標高1592mは「ひ
ごのくに（肥後の国）」の語呂合わせで覚えると良い。

06 ハーグ

解説 ▶

ハーグはオランダの事実上の首都であり、国会やベアト
リクス女王の住むハウステンボス宮殿などがある。なお、
憲法上の首都は、国内最大の人口を誇るアムステルダム。
その名の由来はアムステル川にダムが築かれたことから。

07 国道4号

解説 ▶

逆に日本で最も短い国道は全長187mの国道174号で、国
道2号と神戸港を接続している。ちなみに、青森県・竜
飛岬付近を走る国道339号線は、国道の一部に階段が含
まれることで知られる。

08 スエズ運河

解説 ▶

フランスの外交官レセップスがエジプト太守の許可を得
て建設したが、1875年、スエズ運河の経営権をイギリス
に握られてしまった。その後、レセップスはパナマ運河
の建設も試みたが、伝染病や財政難により断念している。

09 東西線

解説 ▶

札幌では宮の沢-新さっぽろ間、東京では中野-西船橋間、
京都では六地蔵-太秦（うずまさ）天神川間を結ぶ。2015
年には仙台にも東西線が開通予定。なお札幌・仙台・東
京では「南北線」という路線名が共通している。

Q. 10　難易度 ★★★☆☆　　□1 □2 □3

ティムール帝国の首都として繁栄し、文化交差路として世界遺産にも登録されているウズベキスタン第2の都市はどこ？

Q. 11　難易度 ★★★☆☆　　□1 □2 □3

アラビア語で「海岸」という意味がある、アフリカ東海岸で広く使われている言語は何？

Q. 12　難易度 ★★★☆☆　　□1 □2 □3

標高約1600mの高地にあることから「マイルハイシティ」と呼ばれる、アメリカ・コロラド州の州都はどこ？

Q. 13　難易度 ★★★☆☆　　□1 □2 □3

ホワイトハウスといえばアメリカの大統領官邸ですが、ピンクハウスといえばどこの国の大統領官邸？

Q. 14　難易度 ★★★☆☆　　□1 □2 □3

フランス人技師レオンス・ヴェルニーが設計した、神奈川県にある日本初の洋式灯台は何？

Answer

10 サマルカンド

解説▶

15世紀、中央アジアを支配したティムール帝国の首都。中央アジア最大規模のモスク、ビビハニム・モスクなど当時の建築物が数多く残る。その青い色合いはサマルカンドが「青の都」と呼ばれる理由となっている。

11 スワヒリ語

解説▶

現地の人々がアラブ系の商人と交易する中で形成された言語。ケニア、タンザニア、ウガンダの公用語。スワヒリ語由来の言葉は身近にも多く、例えば「サファリ」はスワヒリ語で「旅行」、「ジャンボ」は「こんにちは」の意味。

12 デンバー

解説▶

ロッキー山脈の東麓、標高1マイル(約1600m)にある。コロラドはスペイン語で「赤い」の意。アメリカ合衆国建国(1776年)から100年後の1876年8月1日、38番目の州に昇格し別名「独立100周年の州」。

13 アルゼンチン

解説▶

その名の通り、ピンク色の外観が特徴。他にクレムリン(ロシア)、エリゼ宮(フランス)、クイリナーレ宮(イタリア)、青瓦台(韓国)、モネダ宮(チリ)、アルボラーダ宮(ブラジル)、マラカニアン宮(フィリピン) など。

14 観音崎灯台

解説▶

明治元年11月1日に工事を開始し、翌年に点灯。これを記念して11月1日は「灯台記念日」になっている。ちなみに観音崎は1954年公開の映画『ゴジラ』で、ゴジラが日本に初上陸した場所としても有名。

Q.15　難易度 ★★★☆☆　1 2 3

アメリカ50州の中で、最も面積が広いのはアラスカ州ですが、最も面積が狭いのは何州？

Q.16　難易度 ★★★☆☆　1 2 3

シンハラ語で「聖なる勝利をもたらす都」という意味がある、スリランカの首都はどこ？

Q.17　難易度 ★★★☆☆　1 2 3

ドイツのハーナウからブレーメンまでを結ぶ観光街道のことを、童話のゆかりの地を数多く通ることから何という？

Q.18　難易度 ★★★☆☆　1 2 3

北海道にある標高1898mの山で、別名「蝦夷（えぞ）富士」と呼ばれるのはどこ？

Q.19　難易度 ★★★☆☆　1 2 3

京都府にある唯一の村は南山城村ですが、大阪府にある唯一の村はどこ？

Answer

15 ロードアイランド州

解説 ▶

面積は3144平方kmと、アラスカ州（151万8800平方km）の約500分の１の広さしかない。アメリカのほとんどの州は複数の州と境界を接しているが、メーン州は１つの州のみと接しているアメリカ唯一の州である。

16 スリ・ジャヤワル・ダナプラ・コッテ

解説 ▶

スリランカはインド洋に浮かぶセイロン島の国。1948年にイギリスから独立し、1972年、セイロンからスリランカに国名を改めた。改名当時の首相シリマヴォ・バンダラナイケは、世界初の女性首相としても有名。

17 メルヘン街道

解説 ▶

グリム童話にゆかりのある土地を結ぶことから。グリム兄弟の出身地ハーナウを起点に、幼少期を過ごしたシュタイナウ、赤ずきんの故郷シュヴァルムシュタットなどを通り、『ブレーメンの音楽隊』のブレーメンに至る。

18 羊蹄山

解説 ▶

富士山に似た姿から「○○富士」という別名のある山は多く、日本の岩木山（津軽富士）、鳥海山（出羽富士）、磐梯山（会津富士）、大山（伯耆富士）、開聞岳（薩摩富士）、アメリカのレーニア山（タコマ富士）などがある。

19 千早赤坂村

解説 ▶

村の数が１つの県は、宮城（大衡村）、埼玉（東秩父村）、千葉（長生村）、神奈川（清川村）、富山（舟橋村）、和歌山（北山村）、鳥取（日吉津村）、島根（知夫村）、徳島（佐那河内村）、大分（姫島村）。

Q.20　難易度 ★★★☆☆　　1 2 3

アメリカ合衆国の首都は「ワシントンD.C.」ですが、ワシントン州の州都はどこ?

Q.21　難易度 ★★★☆☆　　1 2 3

日本の国立公園のうち、名前にカタカナが含まれているものは南アルプス国立公園と何?

Q.22　難易度 ★★★☆☆　　1 2 3

深田久弥の著書『日本百名山』に選ばれている山の中で、最も標高が高い山は富士山ですが、最も標高が低い山は何?

Q.23　難易度 ★★★☆☆　　1 2 3

チベット語で「東の人」という意味がある、ヒマラヤの山岳地帯で、登山の案内を行う民族を何という?

Q.24　難易度 ★★★☆☆　　1 2 3

庭園の苔の美しさから「苔寺」とも呼ばれる、京都市の臨済宗のお寺はどこ?

Answer

20 オリンピア

解説▶

ワシントン州はアメリカ西海岸の北部にある州。最大の都市は、コーヒーチェーン「スターバックス」の発祥地であることや、大リーグ球団マリナーズが本拠地を置くことで知られるシアトル。

21 利尻礼文サロベツ国立公園

解説▶

2012年現在、日本の国立公園は30箇所。面積が最大なのは大雪山国立公園、最小は小笠原国立公園。名前にひらがなが含まれるのは「阿蘇くじゅう国立公園」のみ。最も新しいのは2012年3月に誕生した、霧島錦江湾国立公園。

22 筑波山

解説▶

『日本百名山』には品格・歴史・個性を兼ね備えた、原則として標高1500m以上の山が選ばれているが、877mの筑波山(茨城県)や924mの開聞岳(鹿児島県)など、標高1500m未満の山も何座か選ばれている。

23 シェルパ

解説▶

エベレスト南麓に住むチベット系ネパール人の民族。第一級の者にはタイガーバッジが授与され、ヒラリーとともにエベレストを初登頂したテンジン・ノルゲイが有名。現在では国際的な首脳会議のサポート役もシェルパという。

24 西芳寺(さいほうじ)

解説▶

他に有名なお寺には、スズムシを飼育していることから「鈴虫寺」と呼ばれる「華厳寺」、アジサイの名所であることから「あじさい寺」として知られる「明月院」、「ジャスミン寺」として知られる「了仙寺」などがある。

Q. 25　難易度 ★★★☆☆　　　1 2 3

708年にオベール司教が建てた礼拝堂を起源とする、フランス・ノルマンディー地方のサン・マロ湾に浮かぶ岩山にそびえ立つ修道院は何？

Q. 26　難易度 ★★★★☆　　　1 2 3

南阿蘇鉄道高森線にある駅で、ひらがな表記で日本一長い駅名として知られるのは何駅？

Q. 27　難易度 ★★★★☆　　　1 2 3

漢字では京都郡と書く「みやこぐん」があるのは福岡県ですが、愛知郡と書く「えちぐん」があるのは何県？

Q. 28　難易度 ★★★★☆　　　1 2 3

カリブ海の国アンティグア・バーブーダ島を構成する主な3つの島とは、アンティグア島、バーブーダ島と、もう1つは何島？

Q. 29　難易度 ★★★★☆　　　1 2 3

現在は美里村と合併して沖縄市になっている、1974年まで存在した「日本初」かつ「現在のところ唯一」のカタカナのみで表記される都市は何市？

25 モン・サン・ミッシェル

解説 ▶
オベール司教は夢の中に現れた大天使ミカエルのお告げに従って建立したといわれる。百年戦争ではフランス側の要塞としても使用された。参道で売られている、卵をフワフワに泡立てた巨大オムレツも名物となっている。

26 南阿蘇水の生まれる里白水高原駅

解説 ▶
ひらがな表記の場合、22文字と日本で最も長い駅名。同じく日本一長い駅名には長者ヶ浜潮騒はまなす公園前駅（茨城県）がある。ちなみに地下鉄の駅名で日本一長いのは馬出（まいだし）九大病院前駅（福岡県）で16文字。

27 滋賀県

解説 ▶
京都郡は福岡県東部の郡で、みやこ町と苅田町（かんだまち）が所属している。愛知郡は滋賀県東部の郡で、愛荘町（あいしょうちょう）のみが所属している。なお、愛知県にも愛知郡が存在し、これは「あいちぐん」と読む。

28 レドンダ島

解説 ▶
アンティグア島は首都のセントジョンズがあり、国民のほとんどが居住している。その50kmほど北にバーブーダ島があり、1400人ほどが農業を行っている。アンティグア島の50kmほど南西に無人島のレドンダ島がある。

29 コザ市

解説 ▶
この次にカタカナを含む都市が誕生したのは2003年に発足した山梨県南アルプス市。ちなみに日本初のひらがな市名は、1960年に大湊田名部市が改名した青森県むつ市。

Q. 30　難易度 ★★★★☆　　1 2 3

和歌山県那智勝浦町を流れる、粉白川に支川として注ぐ二級河川で、その長さが僅か13.5mであり、日本で一番短い川として知られるのは何？

Q. 31　難易度 ★★★★☆　　1 2 3

「クラネタリウム」と称した本格的なクラゲ展示を行っており、「飼育しているクラゲの種類の多さ」でギネス世界記録にも認定された、山形県鶴岡市にある水族館は何？

Q. 32　難易度 ★★★★☆　　1 2 3

『Dr.コトー診療所』のモデルとなった医師がいたことや、歌手・森進一の母親の出身地であるため『おふくろさん』の歌碑があることで知られる、鹿児島県の島はどこ？

Q. 33　難易度 ★★★★★　　1 2 3

明治45年に完成した初代のものは観光地としても有名だったが、2010年に惜しまれつつ老朽化のため運用を終了した、兵庫県香美(かみ)町にある山陰本線の鉄橋は何？

Q. 34　難易度 ★★★★★　　1 2 3

ニュージーランド南島で一番高い山はクック山ですが、北島で一番高い山は何？

Answer

30 ぶつぶつ川

解説 ▶

その名前は川底から水がぶつぶつと湧き出る様子に由来する。ちなみに、二級河川の中で最長の川・日高川も同じく和歌山県にある。なお、一級河川の中で最短の川は静岡県の柿田川で、最長の川は日本最長の川・信濃川。

31 (鶴岡市立)加茂水族館

解説 ▶

入館者数の減少により閉館の危機に直面していたが、クラゲ展示が好評を博し入館者数も増加に転じた。2008年に下村脩がオワンクラゲから蛍光タンパク質を抽出した業績によりノーベル化学賞を受賞した際にも注目を集めた。

32 下甑島(しもこしきじま)

解説 ▶

大晦日の夜に島内で行われる「トシドン」(年神に扮した島民が子持ちの家を回る行事)はユネスコ無形文化遺産に登録されている。北に位置する上甑島・中甑島とともに甑島列島を構成しており、行政的には薩摩川内市に属する。

33 余部(あまるべ)鉄橋

解説 ▶

初代の鋼製トレッスル橋は、その歴史の古さや、近代土木遺産に指定されていたことから、特に架け替えが決定して以降、観光地として注目を集めた。1986年には強風に煽られた回送列車が転落する事故も発生している。

34 ルアペフ山

解説 ▶

クック山は標高3754mでニュージーランド最高峰。ルアペフ山は標高2797m。ルアペフ山の含まれるトンガリロ国立公園はニュージーランドで最初の国立公園で、先住民・マオリ族の神聖な土地とされる。

第5章

Q. 01　難易度 ★☆☆☆☆　　　1 2 3

『社会契約論』や『人間不平等起源論』を著した、フランスの思想家は誰？

Q. 02　難易度 ★☆☆☆☆　　　1 2 3

「デモクラシー」を「民本主義」と訳し、大正デモクラシーに大きな影響を与えた政治学者は誰？

Q. 03　難易度 ★★☆☆☆　　　1 2 3

世界の通貨取引シェア1位のアメリカ・ドルと、2位のユーロに共通する補助通貨単位の名前は何？

Q. 04　難易度 ★★☆☆☆　　　1 2 3

「夕刊フジ」や「日刊ゲンダイ」などで使用されている、普通の半分の大きさの新聞紙サイズを何判という？

01 (ジャン=ジャック・)ルソー

解説▶
彼の『社会契約論』はフランス革命に影響を与えた。社会思想関連の著書以外にも、教育について論じた『エミール』が知られる。ちなみに、ルソーは『むすんでひらいて』の作曲者でもある。

02 吉野作造

解説▶
「民本主義」とは、「主権の所在を問題とせず、民衆のために政治が行われるべきだ」という考え。中央公論に掲載された論文『憲政の本義を説いて其有終の美を済(な)すの途(みち)を論ず』が有名である。

03 セント

解説▶
ともに100セントでそれぞれの通貨単位1単位に相当。ユーロは7種類の紙幣と8種類の硬貨が発行されており、紙幣は全て、表面には窓、裏面には橋が描かれている。硬貨は表面は共通で、裏面のデザインは各国ごとに異なる。

04 タブロイド判

解説▶
もともとは「圧縮された錠剤(タブレット)」という意味。転じて「要約されて読みやすくした新聞記事」を意味するようになった。ちなみに普通の大きさの新聞紙はブランケット判、スタンダード判という。

Q. 05　難易度 ★★☆☆☆　　　1 2 3

過去には北朝鮮やジンバブエで行われたものが有名だが、いずれも大混乱の末効果が見られなかった、急激なインフレーションの際に貨幣単位を切り下げる措置を何という?

Q. 06　難易度 ★★☆☆☆　　　1 2 3

正式名称を「特に水鳥の生息地として国際的に重要な湿地に関する条約」という国際条約を、締結されたイランの地名から何条約という?

Q. 07　難易度 ★★☆☆☆　　　1 2 3

社会主義者のラッサールが初めて用いた、軍隊や警察などの必要最低限の機能しか持たない国家を何国家という?

Q. 08　難易度 ★★☆☆☆　　　1 2 3

1964年に国連総会の機関として設置された、途上国の経済開発促進と支援を目的とする「国連貿易開発会議」のことを、アルファベット6文字の略称で何という?

Q. 09　難易度 ★★☆☆☆　　　1 2 3

1812年の選挙でこれを行ったアメリカ・マサチューセッツ州知事の名にちなむ、特定の政党や候補者が有利となるように選挙区を区割りすることを指す言葉は何?

Answer

05 デノミネーション(デノミ)

解説 ▶

当時のジンバブエ銀行総裁ギデオン・ゴノは「1セント
から100兆ジンバブエ・ドルまでの幅広い額面の銀行券
を印刷させ、国民に非常に大きな数字に対応するトレー
ニング法を与えた」として、イグノーベル数学賞を受賞。

06 ラムサール条約

解説 ▶

人間の経済活動によって失われてしまう可能性のある湿
地や水辺を保護し、その生態系を守ることを目的とした
条約。日本では現在、釧路湿原(北海道)、瓢湖(新潟)、
藤前干潟(愛知)をはじめ全48箇所が登録されている。

07 夜警国家

解説 ▶

国家は積極的に福祉や文化の充実に関わるべきだとする
ラッサールが、自由放任主義の国家はブルジョワジーの
私有財産を守る程度の存在に過ぎないという批判的な意
味合いで用いた。対になる言葉として、「福祉国家」がある。

08 UNCTAD

解説 ▶

「United Nations Conference on Trade and Development」
の略。本部はジュネーブ。総会は4年に1度開催される。
加盟国は国連加盟国及びバチカンの計194カ国。

09 ゲリマンダー

解説 ▶

当時の州知事エルブリッジ・ゲリーが自党に有利となる
よう区割りした選挙区の形が、山椒魚(サラマンダー)に
似ていることに由来。ちなみに、ゲリーはその後、第4
代大統領マディソンの下で副大統領を務めている。

Q. 10 難易度 ★★☆☆☆ ① ② ③

日本の政党のアルファベット3文字での略称で、民主党は
「DPJ」ですが、自由民主党は何?

Q. 11 難易度 ★★☆☆☆ ① ② ③

内閣総理大臣を指名することが議題になる、衆議院の解散
総選挙の日から30日以内に行われる国会を何という?

Q. 12 難易度 ★★★☆☆ ① ② ③

200%を超えている会社が安全と見なされる、保険会社の
経営の安全性を示す比率のことを何という?

Q. 13 難易度 ★★★☆☆ ① ② ③

企業の在庫変動に起因する、約40カ月の周期を持つ景気
循環の1つは何?

Q. 14 難易度 ★★★☆☆ ① ② ③

オランダ語で「海賊」という意味がある、議会の進行を合
法的に妨害する行為を何という?

Answer

10 LDP

解説 ▶

英語表記での正式名称を略したもの。それぞれ、自民党は「The Liberal Democratic Party of Japan」、民主党は「The Democratic Party of Japan」。

11 特別国会

解説 ▶

他の集会に、毎年1月から150日間召集される「通常国会」、衆参どちらかの総議員の4分の1の要求による「臨時国会」、衆議院の解散中に緊急の必要に応じて行う参議院の「緊急集会」がある。

12 ソルベンシー・マージン比率

解説 ▶

大災害や株価の大暴落など、予測を超えたリスクに対応する余裕を意味し、日本語では「支払余力比率」と訳される。200%を下回った保険会社に対し、金融庁は経営改善を要請するため、契約者の信用を得る指標といえる。

13 キチンの波

解説 ▶

他に景気循環の代表的なものとして、企業の設備投資に起因する約10年周期の「ジュグラーの波」、建物の建設需要に起因する約20年周期の「クズネッツの波」、技術革新に由来する約50年周期の「コンドラチェフの波」がある。

14 フィリバスター

解説 ▶

長時間の演説や不信任案の提出など、法的に認められた手段を使って時間稼ぎをする妨害行為。少数派が多数派に対抗する手段として使うことが多い。投票のとき、のろのろと行動する「牛歩戦術」もこの一種。

Q. 15 難易度 ★★★☆☆ 　　　 1 2 3

同じ政党に所属する2人の候補者が選挙ごとに小選挙区と比例区で交互に立候補する方式を、ある中米の国の名前をとって何という?

Q. 16 難易度 ★★★☆☆ 　　　 1 2 3

「黙秘権があること」など4項目から構成される、アメリカ合衆国で取られる被疑者の権利を告知する法手続きのことを、確立される契機となった人物の名から何という?

Q. 17 難易度 ★★★☆☆ 　　　 1 2 3

日本語では「租税回避地」と訳される、企業に対して税制上の優遇措置を与えている国や地域を何という?

Q. 18 難易度 ★★★☆☆ 　　　 1 2 3

主に発展途上国への融資を行っている、通称を「世界銀行」という国連の専門機関の1つは何?

Q. 19 難易度 ★★★☆☆ 　　　 1 2 3

1960年、第1次池田勇人内閣の厚生大臣に就任し、日本初の女性大臣となった政治家は誰?

Answer

15 コスタリカ方式

解説▶

コスタリカでは同一選挙区から同じ議員の連続当選を禁じていることを参考に、森喜朗が命名した。しかし、参考元のコスタリカでは、議員と地元の癒着を防ぐ目的でそうなっているのであって日本とは事情が異なる。

16 ミランダ警告

解説▶

合衆国憲法修正第5条に基づく。誘拐・婦女暴行の罪に問われたアーネスト・ミランダに対し、アリゾナ州が権利告知を怠ったとして、連邦最高裁で無罪判決が下ったことが契機となった。

17 タックス・ヘイブン

解説▶

海外企業の誘致が目的だが、マネーロンダリングなど不正な資金の流入も多く問題視されている。ちなみに「ヘイヴン」とは「haven（避難所）」と書き、「heaven（天国）」とは別物。ケイマン諸島やバハマが代表例。

18 国際復興開発銀行（IBRD）

解説▶

国際復興開発銀行は1945年のブレトン・ウッズ協定により国際通貨基金（IMF）と同時に設立された。本部はワシントン。日本も1960年代まで、IBRDからの借入金で国内のインフラを整備していたことがある。

19 中山マサ

解説▶

教員生活を送った後、戦後まもない1947年、衆議院に初当選。厚生大臣在任中は母子家庭の児童扶養手当支給の実現に尽力した。ちなみに日本初の女性官房長官は、第1次海部俊樹内閣の森山眞弓。

Q. 20　難易度 ★★★☆☆　　　1 2 3

「日本始まって以来の」という意味を込めて初代天皇の名前が付けられた、1956年前後に起こった好景気を何という？

Q. 21　難易度 ★★★☆☆　　　1 2 3

労働組合に加入しないことや脱退することを条件とした雇用契約のことを、ある色を使って何契約という？

Q. 22　難易度 ★★★☆☆　　　1 2 3

政府が財政政策を行うことで利子率が上昇し、民間の投資や資金調達を阻害して、財政政策の効果が弱まってしまう現象のことを英語で何という？

Q. 23　難易度 ★★★☆☆　　　1 2 3

突然メールや電話で連絡を取り、呼び出して商品を売りつける悪徳商法の一種は何？

Q. 24　難易度 ★★★☆☆　　　1 2 3

1955年に日本民主党と自由党とが保守合同して結成した自由民主党の初代総裁に就任した日本の政治家は誰？

Answer

20 神武景気

解説 ▶

神武景気の後、1957年後半から58年にかけては「鍋底不況」と呼ばれる不況が訪れたが、58年から61年までの「岩戸景気」、65年から70年までの「いざなぎ景気」など、日本の高度経済成長につながる好況が続いた。

21 黄犬契約

解説 ▶

"yellow-dog"は卑劣な人間を意味する英語で、同僚を裏切り使用者に屈服するような契約は、軽蔑に値すると考えられていたため「黄犬契約」という。なお、黄犬契約は労働組合法第7条によって禁止されている。

22 クラウディングアウト

解説 ▶

財政政策を行う際に資金を国債で調達すると民間の資金調達と競合してしまう。ただし、名目金利が下限に達し金融政策が事実上無効化する「流動性の罠」と呼ばれる状況下においてはクラウディングアウトは発生しない。

23 アポイントメントセールス

解説 ▶

他の悪徳商法には、購入していない商品を送りつけ代金を請求する「ネガティブ・オプション」や、組織に加入させて商品を売り付けていく「マルチ商法」などがある。なお、ネガティブ・オプションはクーリング・オフの必要がない。

24 鳩山一郎

解説 ▶

1946年に日本自由党の総裁として首相に就任しようとした矢先、GHQに戦前の活動を咎められ公職追放された経緯があったが、1954年に無事就任を果たした。在任中にはソ連との国交回復を成し遂げた。

Q. 25 難易度 ★★★★☆ [1] [2] [3]

2010年から2012年までの3年間、アメリカの経済誌フォーブスの発表する世界長者番付の個人資産額1位にランクインしているメキシコの実業家は誰?

Q. 26 難易度 ★★★★☆ [1] [2] [3]

中江兆民の著書『三酔人経綸問答』で討論を交わす3人とは、豪傑君、洋学紳士と誰?

Q. 27 難易度 ★★★★☆ [1] [2] [3]

フランスで大統領と首相の所属党派が異なる状況のことを、「同棲」という意味のフランス語で何という?

Q. 28 難易度 ★★★★☆ [1] [2] [3]

1976年12月、日本国憲法下では唯一となる、任期満了に伴う衆議院議員総選挙が行われた際、内閣を組閣していた総理大臣は誰?

Q. 29 難易度 ★★★★☆ [1] [2] [3]

1980年代まで「13都銀」と称された日本の都市銀行のうち、合併により現在の4大銀行へと合流しなかった唯一の銀行は何?

Answer

25 **カルロス・スリム・ヘル**

解説▶

カルロス・スリムはテルメックスなどの通信会社を所有している実業家。2位はマイクロソフト会長のビル・ゲイツ。ちなみに2012年の日本の個人資産額1位はユニクロで有名なファーストリテイリングの社長である柳井正。

26 **南海先生**

解説▶

軍事力で対外進出を目指す豪傑君、急進的な民主主義を唱える洋学紳士、漸進的に立憲政治を目指すべきだとする南海先生の3人が、日本のあり方について論じるという鼎談（ていだん）の形式をとっている。

27 **コアビタシオン**

解説▶

大統領は首相の任命権を持つが、現実には議会運営円滑化のため議会の多数派の代表を任命するのでこのような現象が起こる。現在の第五共和政下ではミッテラン内閣のときに2回、シラク内閣のときに1回の計3回発生している。

28 **三木武夫**

解説▶

第34回総選挙のこと。ロッキード事件解明を目指す三木内閣が、いわゆる「三木おろし」に直面、解散を封じられた結果の産物。有名な衆院解散の通称として、鳩山内閣の天の声解散、大平内閣のハプニング解散などがある。

29 **北海道拓殖銀行**

解説▶

1997年経営破綻したため。他の都市銀行は、第一勧業・富士がみずほ銀行、三菱・東京・三和・東海が三菱東京UFJ銀行、三井・太陽神戸・住友が三井住友銀行、大和・協和・埼玉がりそな銀行（埼玉りそな銀行）となった。

Q. 30　難易度 ★★★★☆　　　１ ２ ３

企業に対して求められる環境配慮の原則を、1989年、アラスカ沖で原油流失事故を起こしたタンカーの名前から何という？

Q. 31　難易度 ★★★★☆　　　１ ２ ３

敵対的買収を仕掛けられた企業が、自ら資産を売却して企業価値を下げる対抗手段のことを、「焦土作戦」という意味の英語で何という？

Q. 32　難易度 ★★★★★　　　１ ２ ３

2006年に初代大統領のニヤゾフが亡くなった後、トルクメニスタンの第2代大統領に選出された政治家は誰？

Q. 33　難易度 ★★★★★　　　１ ２ ３

公正取引委員会が企業合併を認めるかどうかの判断基準になる市場の寡占度を表す指標で、業界各社の市場シェアパーセンテージの2乗の総和で表されるのは何？

Q. 34　難易度 ★★★★★　　　１ ２ ３

自らの出身部族であるキクユ族についての人類学的考察『ケニア山のふもと』を著した政治家で、ケニアの独立運動を指導し、1964年に同国の初代大統領に就任したのは誰？

Answer

30 バルディーズ原則

解説▶

1989年、アラスカ沖で座礁し原油流失事故を起こしたエクソン社のタンカー「バルディーズ号」の名前に由来。「生物圏の保護」から「環境監査」まで全10章から成り、提議した環境団体の名から「セリーズ原則」ともいう。

31 スコーチド・アース

解説▶

敵対的買収への対抗手段は他に、ホワイトナイト(友好的な第三者の企業に買収してもらう)、クラウンジュエル(自社の魅力ある資産などを第三者に譲渡・分社化)、パックマン・ディフェンス(被買収企業が逆に買収を仕掛ける)など。

32 (グルバングルィ・)ベルディムハメドフ

解説▶

トルクメニスタンでは1990年のソ連からの独立後、16年間ニヤゾフ大統領が独裁政権を維持していたが、ベルディムハメドフの就任後は憲法改正が行われ選挙が実現するなど民主化が進んでいる。

33 ハーフィンダール・ハーシュマン指数

解説▶

しばしばHHIと略される。例えば市場シェアが40%の会社と60%の会社が市場を支配しているとき、この市場のHHIは40×40+60×60=5200となる。HHIの値が大きいほど市場が寡占状態にあるといえる。

34 (ジョモ・)ケニヤッタ

解説▶

ケニア建国の父として「ムゼー」(長老)の名で敬愛されたが、内政では独裁的側面も目立った。同時期にアフリカ各国の独立に貢献した政治家には、ガーナのエンクルマ、セネガルのサンゴール、タンザニアのニエレレらがいる。

第6章

生 物 · 医 学

Q. 01 難易度 ★☆☆☆☆ 1 2 3

英語では「シーザリアン・セクション」という、妊婦のお腹を切開して行う出産方法を何という?

Q. 02 難易度 ★☆☆☆☆ 1 2 3

海底において、プランクトンの死骸などが沈んでいく様子を、ある気象現象にたとえた英語で何という?

Q. 03 難易度 ★☆☆☆☆ 1 2 3

医学用語では「雀卵斑(じゃくらんはん)」と呼ばれる、思春期の顔にできやすい茶色の斑点を、ある植物の実の殻に似ていることから何という?

Q. 04 難易度 ★★☆☆☆ 1 2 3

日本語では「後発医薬品」という、新薬の特許が切れた後に他の製薬会社が販売する医薬品のことを英語で何という?

Answer

01 帝王切開

解説 ▶

「切る」を意味するラテン語「カエサレア」が英雄「ユリウス・カエサル」と誤訳され、「帝王切開」という訳語が定着したという説が一般的。日本では江戸時代（1852年）、蘭方医の伊古田純道・岡部均平が初めて行った。

02 マリンスノー

解説 ▶

日本語では「海雪（かいせつ）」。潜水艇の照明に照らされたプランクトンの死骸が、雪のように白く見えることから。1951年、日本最初の潜水艇「くろしお号」に乗り込んだ北海道大学の鈴木昇と加藤健司が命名した。

03 そばかす

解説 ▶

ソバの実の殻に似ていることからこのように呼ばれる。ちなみに、医学用語ではニキビを尋常性痤瘡（ざそう）、シミを肝斑、ウオノメを鶏眼、イボを尋常性疣贅（ゆうぜい）、タコを胼胝（べんち）、ものもらいを麦粒種という。

04 ジェネリック医薬品

解説 ▶

「ジェネリック」とは英語で「一般的」、つまり「ブランド名ではなく一般名で販売する」という意味。新薬の開発には莫大な開発費を要するため特許で保護され、特許期間を過ぎると他の会社が販売することができる。

80

Q. 05　難易度　★★☆☆☆　①②③

その姿から「流氷の天使」と呼ばれる、ハダカカメガイ科の生き物は何？

Q. 06　難易度　★★☆☆☆　①②③

腓腹（ひふく）筋とともに人間のふくらはぎを構成する、ある魚の名前が付けられた筋肉は何？

Q. 07　難易度　★★☆☆☆　①②③

1928年、科学者のアレキサンダー・フレミングが青カビの培養中に発見した、世界初の抗生物質は何？

Q. 08　難易度　★★☆☆☆　①②③

赤血球に含まれる、酸素を運搬する役割を持つ赤い色をした色素タンパク質は何？

Q. 09　難易度　★★☆☆☆　①②③

花粉やハウスダストのように、アレルギー症状を引き起こす物質のことを総称して何という？

Answer

05 クリオネ

解説▶

学名はクリオネ・リマキナ。「クリオネ」はギリシャ神話の海の女神、「リマキナ」は「ナメクジのような」を意味し、その正体は貝殻を持たない巻貝の一種。バッカルコーンという触手を使って荒々しくプランクトンを捕食する。

06 ヒラメ筋

解説▶

魚のヒラメのように平たいことが特徴。腓腹筋とともに「下腿(かたい)三頭筋」と呼ばれる。ちなみにふとももの部分にある「大腿二頭筋」「半膜様筋」「半腱様筋」などをまとめて「ハムストリングス(もも肉の紐)」という。

07 ペニシリン

解説▶

偶然、混入したアオカビがブドウ球菌の発育を抑制していることを発見し、カビが生み出す抗菌性物質を「ペニシリン」と命名した。国産初の抗生物質は、昭和32年、梅澤濱夫によって発見された「カナマイシン」。

08 ヘモグロビン

解説▶

ヘモグロビンは酸素の少ない体内の組織で酸素を切り離す、という性質がある。イカやタコなど軟体動物の血は青く見えるが、これはヘモグロビンと同じような役割を果たす「ヘモシアニン」が青色を示すため。

09 アレルゲン

解説▶

アレルギーという言葉は、オーストリアの小児科医ピルケが「変化した(allos)」と「能力(ergo)」を意味するギリシャ語から命名した。ちなみにストレスの原因となるものはストレッサー。

Q.10　難易度 ★★★☆☆　　　1 2 3

学名を「リュードルフィア・ジャポニカ」という、日本固有のアゲハチョウ科のチョウは何?

Q.11　難易度 ★★★☆☆　　　1 2 3

日本語では「幻想振動症候群」という、携帯電話が振動していないのに振動しているように錯覚してしまう現象のことを英語で何という?

Q.12　難易度 ★★★☆☆　　　1 2 3

インスリンやグルカゴンなどのホルモンを分泌する膵臓の細胞群を、発見したドイツの病理学者の名前から何という?

Q.13　難易度 ★★★☆☆　　　1 2 3

かき氷などの冷たい食品を食べたとき側頭部・後頭部などに感じる頭痛を、ある食べ物の名を冠して何という?

Q.14　難易度 ★★★☆☆　　　1 2 3

オランダの植物学者ド・フリースが遺伝の突然変異を発見したときに用いた、北アメリカを原産とするアカバナ科の植物は何?

Answer

10 ギフチョウ

解説 ▶

昆虫学者の名和靖が命名した。日本を意味する学名が付いた動物には他に「ニッポニア・ニッポン」(トキ)、「アンドリアス・ジャポニカス」(オオサンショウウオ)、「グルス・ジャポネンシス」(タンチョウ)などがある。

11 ファントム・バイブレーション・シンドローム

解説 ▶

カナダのスティーブン・ギャリティが提唱。携帯電話に慣れた人に起こりやすい。他に身近な現象の名前には「ディラン効果」(音楽のフレーズが頭の中で再生される)、「TOT現象」(思い出せそうで思い出せない)など。

12 ランゲルハンス島

解説 ▶

ランゲルハンス島はα細胞、β細胞、δ細胞から構成される。α細胞からは血糖値を上げるグルカゴン、β細胞からは血糖値を下げるインスリン、そしてδ細胞からは両者を抑制するソマトスタチンがそれぞれ分泌される。

13 アイスクリーム頭痛

解説 ▶

暑いときに冷たいものを急いで食べると生じやすい症状で、れっきとした医学用語である。「喉が冷たい」という情報が、「頭が痛い」という情報と誤って脳へ伝えられる「関連痛」と呼ばれる現象の一例と考えられている。

14 オオマツヨイグサ

解説 ▶

ユーゴー・ド・フリースはコレンス、チェルマクとともに「メンデルの遺伝の法則」を再発見した人物。その後も研究を続け、進化は「突然変異」により生じると発表し、突然変異体を「ミュータント」と命名した。

Q.15　難易度 ★★★☆☆　　1 2 3

発見者からクレブス回路、生成物の特徴からトリカルボン酸回路とも呼ばれる、好気呼吸の際にミトコンドリア内で起こる過程を、あるカルボン酸の名を冠して何という？

Q.16　難易度 ★★★☆☆　　1 2 3

1900年、ヒトの血液型を初めてA・B・Cの3種類に分類した、オーストリアの病理免疫学者は誰？

Q.17　難易度 ★★★☆☆　　1 2 3

著書に『日本鳥類目録』があるイギリスの動物学者で、津軽海峡を東西に走る生物分布の境界線にその名を残すのは誰？

Q.18　難易度 ★★★☆☆　　1 2 3

怪獣・モスラのモデルともいわれる、八重山諸島などに生息する世界最大の蛾は何？

Q.19　難易度 ★★★☆☆　　1 2 3

略称を「MSF」という、内戦や災害の起こった地域で医療活動を行う非政府組織は何？

Answer

15 クエン酸回路

解説▶
ブドウ糖を完全に分解してATP合成に必要な電子を取り出すのを目的とし、クエン酸は中間生成物の一つ。生体内の回路としては、光合成時に働くカルビン=ベンソン回路、アンモニアを分解するオルニチン回路などが有名。

16 （カール・）ラントシュタイナー

解説▶
1900年、A・B・C（現在のO型）の血液型を発見。翌年発表。それまで副作用の多かった輸血の安全化に貢献した。1930年、ノーベル生理学・医学賞を受賞。40年にはアカゲザルと人間の血液に共通の抗原をRh因子と命名した。

17 （トーマス・）ブラキストン

解説▶
ブラキストン線とは本州と北海道の生物分布の境界線。例えばニホンザルやモグラはこの線を北限として、北海道には生息していない。その他の生物分布の境界線には、八田線（宗谷海峡）、渡瀬線（トカラ列島）など。

18 ヨナグニサン

解説▶
沖縄の石垣島や与那国島に生息し、別名は「アヤミハビル」。羽を広げると最大で長さ24cmにも達し、蛇の頭のような模様から、英語では「スネークヘッド・モス」という。なお世界最大の蝶はアレクサンドラトリバネアゲハ。

19 国境なき医師団

解説▶
1968年、ナイジェリアのビアフラ内戦の際、救援に参加した医師らが結成。非営利の民間団体（NGO・非政府組織）であり、現在、世界の約70の国や地域で活動している。1999年にはノーベル平和賞を受賞した。

Q. 20　難易度 ★★★☆☆　　123

診察や治療の内容を記録したカルテは、医療法によると何年間保存することが義務付けられている？

Q. 21　難易度 ★★★☆☆　　123

示性式はH₂NCH₂COOHである、側鎖として水素原子1つが結合した最も単純な構造のアミノ酸は何？

Q. 22　難易度 ★★★☆☆　　123

DNAやRNAを構成する基本構造である、リン酸・糖・塩基から成る物質は何？

Q. 23　難易度 ★★★★☆　　123

口にすると下痢や吐き気、目に入ると結膜炎といった症状を引き起こす、ウナギやアナゴの血液中に含まれる神経毒は何？

Q. 24　難易度 ★★★★☆　　123

一つの個体が死ぬまでに動物の体細胞が細胞分裂できる回数の限界のことを、発見したアメリカの学者の名前から何という？

Answer

20 5年

解説 ▶
> カルテは正式には「診療録」といい、病院の管理者または医師には保存の義務がある。カルテには患者の個人情報や症状、医師の行った治療などが記載されており、守秘義務も発生する。なおカルテは、ドイツ語で「カード」の意。

21 グリシン

解説 ▶
> アミノ酸は1個の炭素原子にアミノ基・カルボキシル基・水素原子・側鎖が結合した構造をしており、アミノ酸の種類によって側鎖は異なる。ちなみにアミノ酸がペプチド結合で多数つながったものがタンパク質である。

22 ヌクレオチド

解説 ▶
> ヌクレオチドが多数繋がった鎖が2本向かい合い、塩基同士で水素結合し、ねじれるとDNAになる（二重らせん構造）。DNAの場合、糖にはデオキシリボースが、塩基にはアデニン・チミン・グアニン・シトシンが使われる。

23 イクチオトキシン

解説 ▶
> 火を通せば分解され無毒となるため、ウナギは蒲焼が一般的な調理法となっており、刺身で食べることはない。ちなみにフグの猛毒はテトロドトキシンと呼ばれ、こちらは青酸カリの1000倍以上の毒性がある。

24 ヘイフリックの限界

解説 ▶
> 細胞分裂の回数に限界があることの説明として、分裂のたびに遺伝子の端にある「テロメア」という構造体が減っていき、最後には遺伝子本体を傷つけてしまうとする説がある。

Q. 25　難易度 ★★★★☆　　1 2 3

ごく微弱な電磁波を感知することができる、サメの頭にある感覚器官は何？

Q. 26　難易度 ★★★★☆　　1 2 3

1981年にはヤンバルクイナを発見し新種として発表している、日本で唯一の鳥類の研究機関は何？

Q. 27　難易度 ★★★★☆　　1 2 3

環境を変化させることによって植物の遺伝的性質を変えられると主張し、小麦の春化処理法を発表したソ連の農学者は誰？

Q. 28　難易度 ★★★★☆　　1 2 3

ろうそくに似た形から「燭台大蒟蒻（しょくだいおおこんにゃく）」という別名がある、3m以上の高さにもなる世界最大の花を、インドネシアの地名から何という？

Q. 29　難易度 ★★★★☆　　1 2 3

顔を正面から見るとヒゲがあり、まるで中年男性のように見えることからその名前が付いた、スズキ目ヒメジ科の魚は何？

Answer

25 ロレンチーニ器官

解説▶
サメの頭部には小さな穴が開いており、その奥にゼリー状の物質が詰まった構造をしている。ちなみにイルカの頭部にあり、音波を感じるとされる感覚器はメロン器官。ヘビの頭にあり、赤外線のための感覚器はピット器官。

26 山階(やましな)鳥類研究所

解説▶
1942年に山階芳麿(よしまろ)が土地や収集した標本など私財を投げうって山階鳥類研究所を設立した。東京都渋谷区の私邸内の鳥類標本館が前身。なお、現在の山階鳥類研究所の総裁は秋篠宮文仁親王殿下。

27 (トロフィム・)ルイセンコ

解説▶
「秋まき小麦を低温にさらせば、遺伝子が変化して春まき小麦になる」という方法論が春化処理である。彼の学説はDNAの仕組みが明らかになるにつれて信用を失い、スターリンの死後、彼は失脚した。

28 スマトラオオコンニャク

解説▶
インドネシアのスマトラ島に自生するサトイモ科の植物。約7年に一度、2日間程しか咲かない巨大な花で、腐敗した肉のような臭いを放つ。1991年、東京大学の小石川植物園で開花したものが国内初の開花例。

29 オジサン

解説▶
日本では駿河湾以南の暖かい海に生息し、英語ではヤギになぞらえて"goatfish"と呼ばれる。ヒメジ科の魚は下あごにヒゲがあるのが特徴で、他にも「オキナ(翁)ヒメジ」などがいる。

Q.30　難易度 ★★★★☆　1 2 3

キクロメドゥサ・ディッキンソニア・エルニエッタなどに代表される先カンブリア代の生物群のことを、化石が発見されたオーストラリアの丘陵の名前から何という？

Q.31　難易度 ★★★★☆　1 2 3

ルリア、ハーシーとともに1969年のノーベル生理学医学賞を受賞した、ウィルスの一種バクテリオファージを使った実験手法により、分子生物学の基礎を築いた科学者は誰？

Q.32　難易度 ★★★★★　1 2 3

将軍家や東宮の侍医を務め、フランス公司レオン・ロッシュや大正天皇の病気を治したことでも知られる幕末の漢方医で、咳止めなどに用いられる「浅田飴」に名を残すのは誰？

Q.33　難易度 ★★★★★　1 2 3

「酵素の特定の部位に低分子の物質が結合すると、酵素の立体構造が変化しその活動が阻害される」という現象をギリシャ語の合成語で何という？

Q.34　難易度 ★★★★★　1 2 3

著書に『人間、この未知なるもの』がある、人工心臓を研究したフランスの生理学者で、1912年に「血管縫合と臓器移植の研究」でノーベル生理学医学賞を受賞したのは誰？

30 エディアカラ動物群

解説 ▶

地質学者のレッグ・スプリッグによって発見された。全
体的に扁平で柔らかい体のものが多いのが特徴。他の有
名な化石群に、カナダのロッキー山脈内にあるカンブリ
ア紀の地層から産出するバージェス動物群などが挙げら
れる。

31 (マックス・)デルブリュック

解説 ▶

最初は原子物理を志したが、ニールス・ボーアの講演
「光と生命」に感銘を受け生物学へ転進した。シュレー
ディンガーの著書『生命とは何か』の例もあるように、
当初の分子生物学は物理学と関係を持つ学者の寄与が大
きかった。

32 浅田宗伯(あさだ・そうはく)

解説 ▶

名は惟常(これつね)、号は栗園。浅田宗伯の処方をもと
にして1887年に「御薬さらし水飴」という名前で発売が
開始され、2年後に「浅田飴」と改称され現在に至る。
「良薬にて口に甘し」というコピーも当時有名になった。

33 アロステリック効果

解説 ▶

アロステリックとはギリシャ語で「別の空間」の意。そ
の酵素が関わる反応経路の最終生成物が酵素の反応を阻
害する、いわゆる「フィードバック阻害」でよく見られる。
酵素の過剰な働きを抑え、反応を調節する機能である。

34 (アレクシス・)カレル

解説 ▶

1935年に世界初の人工心臓となるポンプ装置を開発した。
このとき共同研究者だったのが、初の大西洋単独無着陸
飛行者であるチャールズ・リンドバーグで、彼の工学知
識は装置の完成に大きく寄与した。

第7章

地学・宇宙

Q. 01　難易度 ★☆☆☆☆　　1 2 3

太陽の数十倍の質量を持った星が超新星爆発を起こして誕生する、重力が非常に大きいため、物質も光も吸い込まれて脱出できない天体のことを何という？

Q. 02　難易度 ★☆☆☆☆　　1 2 3

建設当時の元号にちなんで命名された、南極の東オングル島にある日本の観測基地はどこ？

Q. 03　難易度 ★★☆☆☆　　1 2 3

日本列島に梅雨をもたらす2つの気団とは、オホーツク海気団と何？

Q. 04　難易度 ★★☆☆☆　　1 2 3

スペイン語で「神の子」という意味がある、数年に一度、ペルー沖の海水温が上昇する現象を何という？

Answer

01 ブラックホール

解説 ▶

「ブラックホール」という言葉を命名したのはアメリカの物理学者ジョン・ホイーラー。光や物質が外に出られなくなるブラック・ホールの境界となる部分のことを「事象の地平線（Event Horizon）」と呼ぶ。

02 昭和基地

解説 ▶

日本の南極観測は1950年代後半に始まり、第1次観測隊が昭和基地と命名した。現在、日本の観測基地は、昭和基地、あすか基地、みずほ基地、ドームふじ基地の4つ。歴代の観測船は、宗谷、ふじ、しらせ。

03 小笠原気団

解説 ▶

気団とは、広い範囲にわたって性質が同じ空気の塊のこと。日本付近にはシベリア気団、小笠原気団、オホーツク海気団、揚子江気団などが現れる。梅雨は、オホーツク海気団と小笠原気団の温度差で停滞前線が生じることが原因。

04 エル・ニーニョ現象

解説 ▶

キリストの誕生を祝うクリスマスの前後に起こることから「神の子」という。海水温の上昇は漁獲量に深刻な影響を与えるほか、洪水などを引き起こす。逆に海水温が低下する現象は「ラ・ニーニャ（女の子の意）」と呼ばれる。

Q.05 難易度 ★★☆☆☆　　　　　1 2 3

太陽系の惑星の中で、自転速度が最も速いのは何？

Q.06 難易度 ★★☆☆☆　　　　　1 2 3

イオ・エウロパ・ガニメデ・カリストという木星の４つの
衛星の総称を、発見した天文学者の名前から何という？

Q.07 難易度 ★★☆☆☆　　　　　1 2 3

「天体が我々から遠ざかる速度は、その天体までの距離に
比例する」という法則を、1929年に発見したアメリカの
天文学者の名前をとって何という？

Q.08 難易度 ★★☆☆☆　　　　　1 2 3

およそ3.26光年を１とする、年周視差１秒に対応する天文
学の距離の単位は何？

Q.09 難易度 ★★☆☆☆　　　　　1 2 3

「アイスランド式」「ハワイ式」「ブルカノ式」「ストロンボ
リ式」「プリニー式」といえば、どんな自然現象の種類？

Answer

05 木星

解説▶

太陽系最大の惑星でもある木星は、9時間56分かけて自転する。太陽系の惑星は自転軸の向きがほぼ同方向だが、天王星は横倒しの状態で自転している。金星は他の惑星と逆向きに自転しており、自転速度も太陽系で最も遅い。

06 ガリレオ衛星

解説▶

1610年にガリレオ・ガリレイが発見したことから。個々の衛星の名前は、ガリレオと独立に衛星を発見したシモン・マリウスによってギリシャ神話の登場人物から命名された。なおガニメデは太陽系で最大の衛星である。

07 ハッブルの法則

解説▶

宇宙背景放射などと共に、宇宙が膨張していることの根拠とされている。また、遠ざかっている天体から発せられる光のスペクトルは、ドップラー効果で長波長側にずれる。この現象を「赤方偏移」と呼ぶ。

08 パーセク

解説▶

パーセクは"per second"の略で、記号pscで表わされる。「年周視差」とは地球から恒星を見たときと太陽から恒星を見た時の角度の差のこと。また、1秒は1度の3600分の1のことであり、極めて小さい変化である。

09 噴火

解説▶

噴火が穏やかか否かで差がついており、二酸化ケイ素の多寡によるマグマの粘性がその主因となる。ハワイ式噴火などでは、表面が滑らかで縄目型の模様がついた「パホイホイ溶岩」や、でこぼこした「アア溶岩」などが生じる。

Q. 10 難易度 ★★☆☆☆ 1 2 3

兵庫県にある洞窟にその名を由来する、安山岩、流紋岩と同様に火山岩に分類される岩石は何？

Q. 11 難易度 ★★★☆☆ 1 2 3

1969年、アポロ11号に搭乗した3人の宇宙飛行士といえば、ニール・アームストロング、オルドリンと誰？

Q. 12 難易度 ★★★☆☆ 1 2 3

地殻とマントルとの間の境界面のことを、発見したクロアチアの地震学者の名前から何という？

Q. 13 難易度 ★★★☆☆ 1 2 3

超新星爆発の後に残された自転する中性子星がその正体であると考えられている、極めて規則正しい感覚で電波を発生させる天体を何という？

Q. 14 難易度 ★★★☆☆ 1 2 3

1970年、鹿児島県の内之浦宇宙空間観測所から打ち上げられた、日本初の人工衛星の名前は何？

Answer

10 玄武岩

解説 ▶
兵庫県豊岡市の玄武洞に由来。火山岩とは、マグマが急激に冷え固まってできた岩石。それに対し地下深くでマグマがゆっくりと固まったものは深成岩という。玄武岩には、岩が六角形の柱の形をした柱状節理がしばしば見られる。

11 （マイケル・）コリンズ

解説 ▶
1969年 7 月20日22時56分20秒、アームストロングが人類として初めて月面に降り立った。アポロ計画は1972年の17号で終了し、月面を歩いた宇宙飛行士は計12人。最後に降り立った人物はユージン・サーナン。

12 モホロビチッチ不連続面

解説 ▶
この境界面を境に地震波の速さが急激に変わる（地殻では遅く、マントルでは速い）。同様に、マントルと外核との間の境界面を「グーテンベルク不連続面」、外核と内核との間の境界面を「レーマン不連続面」という。

13 パルサー

解説 ▶
1967年、アントニー・ヒューイッシュとジョスリン・ベルによって発見された。後にヒューイッシュはこの業績によりノーベル物理学賞を受賞したが、ベルは除外されたため、物議を醸すこととなった。

14 おおすみ

解説 ▶
鹿児島の大隅半島が名前の由来。 4 度の失敗後、打ち上げに成功した。ちなみに日本で 2 番目の人工衛星は「たんせい」、アメリカ初の人工衛星はエクスプローラー 1 号、そして世界初の人工衛星（ソ連）はスプートニク 1 号。

Q. 15　難易度 ★★★☆☆　　　① ② ③

その名はイギリス・ウェールズの地名に由来する、無脊椎動物の系統の大半や魚類が出現した、古生代最初の地質時代区分は何？

Q. 16　難易度 ★★★☆☆　　　① ② ③

気圏・水圏・岩石圏に存在する元素の割合を重量百分率で表わした数値を、アメリカの地球化学者の名前から何という？

Q. 17　難易度 ★★★☆☆　　　① ② ③

気象庁の定義する台風の「暴風域」とは、風速何メートル毎秒以上の風が吹いている地域とされている？

Q. 18　難易度 ★★★☆☆　　　① ② ③

気象予報で耳にする「平年並み」の「平年」とは、過去何年間の平均値をもとにしている？

Q. 19　難易度 ★★★☆☆　　　① ② ③

おおいぬ座のα星はシリウス、こいぬ座のα星はプロキオンですが、りょうけん座のα星は何？

Answer

15 カンブリア紀

解説 ▶

古生代は全部で6つに分かれ、古い順に「カンブリア紀」「オルドビス紀」「シルル紀」「デボン紀」「石炭紀」「ペルム紀(二畳紀)」。中生代は全部で3つに分かれ、「トリアス紀(三畳紀)」「ジュラ紀」「白亜紀」。

16 クラーク数

解説 ▶

多いものから順に、酸素、ケイ素、アルミニウム、鉄、カルシウム、ナトリウム、カリウムと続いていく。なお、この値をクラーク数と命名したのはクラーク本人ではなく、ソ連の鉱物学者フェルスマンである。

17 風速25メートル毎秒以上

解説 ▶

正確には「25m/s以上の風が地形の影響などがない場合に吹く可能性のある範囲」も含む。「強風域」は15m/s以上と定義され、強風域の範囲内が台風の「大きさ」とされる。また、台風の「強さ」は最大風速で決まる。

18 30年

解説 ▶

連続する直近の30年間のデータの平均値を平年値といい、気候変動の影響などを考慮して10年ごとに更新される。現在は1981年から2010年までのデータをもとに作成された平年値が2011年5月より使われている。

19 コル・カロリ

解説 ▶

ポーランドのヨハンネス・ヘヴェリウスがうしかい座が引き連れる2匹の番犬になぞらえて「りょうけん座」と命名。コル・カロリは「チャールズの心臓」という意味があり、英国王チャールズ2世の即位を記念して名付けられた。

100

Q. 20 難易度 ★★★☆☆ ① ② ③

別名を「地殻均衡説」という、地殻は上部マントルに浮かんでおり、地殻の重さと地殻に働く浮力はつり合っているという説は何?

Q. 21 難易度 ★★★☆☆ ① ② ③

「M45はプレアデス星団」というように星雲ごとに番号を割り当てたカタログを作成した、フランスの天文学者は誰?

Q. 22 難易度 ★★★☆☆ ① ② ③

月の場合は0.07ほどである、入射光と反射光のエネルギーの比を何という?

Q. 23 難易度 ★★★★☆ ① ② ③

1890年、中央気象台の初代台長に就任した気象学者で、日本の標準時子午線を東経135度に定めたのは誰?

Q. 24 難易度 ★★★★☆ ① ② ③

1930年、ローウェル天文台での観測において冥王星を発見した、アメリカの天文学者は誰?

Answer

20 アイソスタシー

解説 ▶
例えば、スカンジナビア半島はかつて存在した巨大な氷床が消失したため、荷重と浮力のバランスを取るべく現在でもゆっくり隆起を続けている。提唱者の1人エアリーは、後に本初子午線となるグリニッジ子午線を制定した。

21 (シャルル・)メシエ

解説 ▶
"M"はメシエの頭文字。彼は彗星の観察中に、彗星とよく似た星雲の位置を記録し発表した。ちなみにM1はおうし座のかに星雲であり、ウルトラマンの故郷という設定のM78はオリオン座にある。

22 アルベド

解説 ▶
反射能ともいう。ちなみに、光をすべて吸収する(=アルベドが0)仮定上の物体を黒体という。黒体には「黒体の放射するエネルギーは絶対温度の4乗に比例する」というシュテファン=ボルツマンの法則が成り立つ。

23 荒井郁之助

解説 ▶
他にも皆既日食の観測を行い、太陽コロナの写真撮影に成功するなど数々の功績を残した。なお中央気象台の第4代台長は、英語の「タイフーン」を「台風」と訳した岡田武松。第5代は台風の「藤原の効果」に名を残す藤原咲平。

24 (クライド・)トンボー

解説 ▶
天王星は1781年にウィリアム・ハーシェルによって発見された。海王星は、アダムズやルヴェリエらによりその存在と軌道が予測され、1846年にヨハン・ガレによって観測・確認された。

Q.25　難易度 ★★★★☆　1 2 3

1990年、アメリカ・サウスダコタ州で発見された、極めて保存状態の良いティラノサウルスの化石で、その名は発見者にちなむのは何？

Q.26　難易度 ★★★★☆　1 2 3

著書に『コスモス』や『コンタクト』があるアメリカの天文学者で、核戦争によって地球の気温が著しく低下する「核の冬」を提唱したのは誰？

Q.27　難易度 ★★★★☆　1 2 3

その名は発見した日本人アマチュア天文家にちなむ、1996年3月に地球に最接近した20世紀有数の大彗星の1つは何？

Q.28　難易度 ★★★★☆　1 2 3

竜巻やダウンバーストの研究で知られ「ドクター・トルネード」とも称された、現在多くの国で使われている竜巻の大きさを表す基準に名を残す日本の気象学者は誰？

Q.29　難易度 ★★★★☆　1 2 3

恐竜が絶滅する原因となった小惑星の衝突跡といわれている、メキシコ・ユカタン半島北部にある巨大なクレーターは何？

Answer

25 スー

解説▶

> 発見者のスーザン・ヘンドリクソンに由来。ティラノサウルスは中生代・白亜紀の恐竜で、「暴君のトカゲ」という意味がある。ちなみに進化の流れからすると、恐竜とトカゲは特に関係のない間柄である。

26 （カール・）セーガン

解説▶

> 核の冬とは、核戦争の結果、火災で生じた大量の粉塵が太陽光を遮り、氷河期が訪れるという現象。セーガンはNASAの惑星探査計画にも参加した天文学者で、宇宙の歴史を1年に例えた「宇宙カレンダー」の作成でも知られる。

27 百武彗星

解説▶

> 百武裕司にちなんで命名。太陽探査機ユリシーズが尾の中を偶然通過したことが話題となった。他に日本人名が付けられた彗星は、池谷・関彗星（池谷薫と関勉）、本田・ムルコス・パイドゥシャコヴァ彗星（本田実）などがある。

28 藤田哲也

解説▶

> 大きさの基準は「藤田スケール」という。通常F0からF5までの6段階に分かれているが、日本では現在までにF4以上の強さの竜巻は観測されていない。なお、ハリケーンの大きさの基準は「サファ・シンプソン・ハリケーンスケール」。

29 チクシュルーブ・クレーター

解説▶

> マヤ語で「悪魔の尻尾」という意味。約6550万年前、直径10km程の小惑星が衝突し、その結果生じた大地震や気候変動により恐竜が絶滅したという。ちなみに地球最大のクレーターはフレデフォート・ドーム（南アフリカ）。

Q.30　難易度 ★★★★☆　　1 2 3

留や逆行といった現象を説明すべく導入された、天動説において惑星の軌道を記述する際に用いる、導円の上に位置する小さな円を何という?

Q.31　難易度 ★★★★★　　1 2 3

南十字星と間違えられやすい「にせ十字」を構成する星が含まれる2つの星座は何と何?

Q.32　難易度 ★★★★★　　1 2 3

岩石の磁気の研究から地球の磁極に逆転があったことを示し、磁極が逆転していた時期にその名を残す日本の地球物理学者は誰?

Q.33　難易度 ★★★★★　　1 2 3

月の暗い平坦な部分を「海」といいますが、この「海」の中で最も広い面積を誇るのは何?

Q.34　難易度 ★★★★★　　1 2 3

「同質異像」とも呼ばれる、化学組成が同じであるにもかかわらず結晶構造が異なる鉱物同士の関係のことを何という?

Answer

30 周転円

解説▶

天動説で「導円」とは地球を囲む1個の円で、恒星はこの上を東から西へ動くと説明できる。「周転円」は導円の周上に中心を置く円で、惑星は周転円上を回る一方、周転円は導円上を回るとした。ペルガのアポロニウスが考案。

31 りゅうこつ座　ほ座

解説▶

にせ十字はりゅうこつ座の星2つとほ座の星2つから構成され、南十字星より大きい。ほ座とりゅうこつ座はかつて存在したアルゴ座という巨大な星座を、フランスの天文学者ラカイユが4分割してできた星座のうちの2つである。

32 松山基範

解説▶

地球は普通、北極側がS極、南極側がN極となっているが、長期的にはS極とN極の逆転を繰り返している。松山基範は約78万年前から約258万年前までの「松山逆磁極期」に名を残している。

33 嵐の大洋

解説▶

逆に明るく起伏のある部分を「陸」という。月は重力が地球の約6分の1、半径が地球の約4分の1の天体。月の表面温度は昼間は100℃以上、逆に夜は-100℃以下であるため生物が生きている可能性は極めて低い。

34 多形

解説▶

方解石と霰石（あられいし）の関係などがこれにあたり、組成時の温度や圧力の違いが原因とされる。多形の特殊パターンとして、同じ1種類の元素から成るものの、配列などの違いから性質が異なる「同素体」がある。

第8章

数学・物理・化学

Q.01　難易度 ★☆☆☆☆　　1 2 3

直角三角形の斜辺の長さの2乗は他の2辺の2乗の和に等しいという定理を、古代ギリシャの数学者の名をとって何という？

Q.02　難易度 ★☆☆☆☆　　1 2 3

黒鉛、ダイヤモンド、フラーレンといえば、すべて何という元素でできている？

Q.03　難易度 ★☆☆☆☆　　1 2 3

ストレートとブローンの2種類がある、道路の舗装などに使われる黒い固体を一般に何という？

Q.04　難易度 ★★☆☆☆　　1 2 3

フランス革命のときに徴税請負人だったことが原因で処刑された、質量保存の法則を発見したフランスの化学者は誰？

Answer

01 ピタゴラスの定理

解説 ▶

別名「鉤股弦(こうこげん)の定理」または「三平方の定理」ともいう。ピタゴラスは古代ギリシャの数学者で、「万物の根源は数である」と唱え、数学や天文学の発展に寄与した。名前は「アポロンの代弁者」という意味。

02 炭素

解説 ▶

このように、同じ元素から構成されるが原子の配列や結合の仕方が違うために、化学的・物理的な性質が異なるものを「同素体」といい、他に酸素とオゾン(酸素の同素体)、黄リンと赤リン(リンの同素体) などがある。

03 アスファルト

解説 ▶

アスファルトは土瀝青ともいい、石油を蒸留した後の残留物。ストレートアスファルトとブローンアスファルトではストレートの方が粘着力が高く、日本で生産されるアスファルトの9割以上がストレートである。

04 (アントワーヌ・)ラボアジエ

解説 ▶

「質量保存の法則」とは化学反応の前後で質量が変化しない法則のこと。化学に関する法則の発見者は他に、「倍数比例の法則」がドルトン、「定比例の法則」がプルースト、「気体反応の法則」がゲイ=リュサックなどがいる。

Q.05 難易度 ★★☆☆☆　　　1 2 3

日本人ではこれまでに小平邦彦、広中平祐、森重文の３人が受賞している、「数学界のノーベル賞」ともいわれる賞は何？

Q.06 難易度 ★★☆☆☆　　　1 2 3

2000年にクレイ数学研究所が発表した、解決すれば懸賞金が与えられる数学の未解決問題７つを何という？

Q.07 難易度 ★★☆☆☆　　　1 2 3

最小は滑石（タルク）の１、最大は金剛石（ダイヤモンド）の10である、鉱物のひっかき傷に対する硬さの尺度のことを、考案したドイツの鉱物学者の名前から何という？

Q.08 難易度 ★★☆☆☆　　　1 2 3

自動車が濡れた路面を高速で走っているとき、タイヤと路面の間に水が入り込んでコントロールが利かなくなる現象を何という？

Q.09 難易度 ★★☆☆☆　　　1 2 3

50円玉や100円玉にも使われている、銅にニッケルを15%から25%程度混ぜた合金を何という？

Answer

05 フィールズ賞

解説 ▶

提唱者であるカナダ人数学者のジョン・チャールズ・フィールズにちなむ。受賞者は40歳以下の若手数学者に限られ、4年に1度開催される国際数学者会議で金メダルが贈られる。メダルにはアルキメデスの肖像が彫られている。

06 ミレニアム問題

解説 ▶

ミレニアム問題は数学的に正しく証明できたと認められれば100万ドルの賞金をもらうことができる。ミレニアム問題7つのうち、ポアンカレ予想はグレゴリー・ペルルマンによって解決されており、残る未解決問題は6つ。

07 モース硬度

解説 ▶

物質の硬さの尺度には、他に四角錐形のダイヤモンドを押し込んでできたくぼみの表面積を荷重で割った値で表されるビッカース硬度、荷重の大きさを変化させくぼみの深さの差から算出されるロックウェル硬度などがある。

08 ハイドロプレーニング現象

解説 ▶

交通事故を起こしやすい危険な現象。その他に、過熱によってブレーキパッドの摩擦が小さくなる「フェード現象」や、動力を伝達する液体に気泡が発生し、ブレーキが利かなくなる「ヴェイパーロック現象」などがある。

09 白銅

解説 ▶

キュプロニッケルともいう。5円玉には黄銅（銅と亜鉛30~40%の合金）が、10円玉には青銅（銅とスズの合金）が、500円玉にはニッケル黄銅（銅・亜鉛・スズの合金）がそれぞれ使われている。

Q. 10 難易度 ★★☆☆ ① ② ③

有機化合物で、鎖状のものを「脂肪族」といいますが、ベンゼン環を含むものは何という?

Q. 11 難易度 ★★★☆☆ ① ② ③

48と75などのように、自分自身と1を除いた約数の和が互いの数字になるような数の組み合わせのことを何という?

Q. 12 難易度 ★★★☆☆ ① ② ③

結晶でもアモルファスでもない、「第3の固体」と称される固体の状態の1つは何?

Q. 13 難易度 ★★★☆☆ ① ② ③

これまでに命名されている元素を元素記号のアルファベット順に並べたときに、最初に来るのはアクチニウムですが、最後に来るのは何?

Q. 14 難易度 ★★★☆☆ ① ② ③

ジュースの容器によく使われるペットボトルの「ペット」とは何という言葉の略?

Answer

10 芳香族

解説 ▶ ベンゼン環を含む化合物に、香りを持つものが多かった
ことから。代表例はトルエンや安息香酸。「芳香族以外の
有機化合物」を「脂肪族」と称する場合もあり、このと
きは「環状構造を含む脂肪族」も存在することになる。

11 婚約数

解説 ▶ 75の約数は1,3,5,15,25,75で、1と75以外を足すと48。
48についても同様のことを行うと75になる。また220と
284など、自分自身だけを除いた約数の和が互いの数に
なるような組を友愛数という。

12 準結晶

解説 ▶ 準結晶は結晶とは違った回転対称性を示す構造。イスラ
エルの化学者シェヒトマンが発見し、2010年のノーベル
化学賞を受賞した。なおアモルファスとは、ガラスやゴ
ムなどのように原子や分子が不規則に並んでいるもの。

13 ジルコニウム

解説 ▶ それぞれアルファベットでAc、Zrと表される。元素記号
は1文字または2文字のアルファベットで元素の種類を
表したもので、現在までに114の元素に名前が付けられ
ているが、JとQは元素記号に使われていない。

14 ポリエチレンテラフタラート

解説 ▶ エチレングリコールとテレフタル酸を合成して作られる。
日本では1977年、醤油の容器として初めて使用された。
炭酸飲料用のペットボトルの底はペタロイドという花型
の構造になっており、破裂しないよう工夫されている。

Q.15　難易度 ★★★☆☆　　1 2 3

「気体の液体に対する溶解度は圧力に比例する」という法則を、発見したイギリス人科学者の名をとって何の法則という？

Q.16　難易度 ★★★☆☆　　1 2 3

ギリシャ語で「人工」という意味がある通り、世界で初めて人工的に作られた、原子番号43、元素記号Tcの元素は何？

Q.17　難易度 ★★★☆☆　　1 2 3

「半導体の集積度は1年半から2年の間に倍増する」という経験則を、提唱したアメリカの技術者の名前から何という？

Q.18　難易度 ★★★☆☆　　1 2 3

冷水を満たした管の中に蒸気を通す細い管を配置した、蒸留用冷却装置にその名を残すドイツの化学者は誰？

Q.19　難易度 ★★★☆☆　　1 2 3

雷雨の夜に、避雷針や船のマストで起こるコロナ放電のことを、船乗りの守護聖人の名前をとって何という？

Answer

15 ヘンリーの法則

解説▶

科学者ウィリアム・ヘンリーが発見した。彼の著書『An Epitome of Chemistry』は、江戸時代の蘭学者・宇田川榕菴(うだがわ・ようあん)によって翻訳され、日本最初の化学書『舎密開宗』として出版された。

16 テクネチウム

解説▶

1937年、物理学者セグレとペリエが発見し、1947年に命名した。ちなみに1908年、小川正孝が原子番号43の元素を発見したと発表、「ニッポニウム」と命名したが、これは後に「レニウム」(元素番号75)であることが判明した。

17 ムーアの法則

解説▶

インテルの創業者の1人であるゴードン・ムーアが提唱した。情報工学の法則としては他に、「ネットワークの価値はユーザー数の2乗に比例する」という「メトカーフの法則」が挙げられる。

18 (ユストゥス・フォン・)リービッヒ

解説▶

リービッヒは有機化学を確立したドイツの化学者。生化学にも興味を抱き、植物の成長に必要な3つの要素を窒素・リン・カリウムであると提唱したほか、それに基づいた肥料も開発している。

19 セントエルモの火

解説▶

かつて船乗りたちが、守護聖人セント・エルモの御加護だと考えたことから、このように呼ばれる。セントエルモの火は、普通青色や緑色に見えるが、時には白く見えることもあるという。

Q.20 難易度 ★★★☆☆　　　1 2 3

ベルヌーイの定理を利用して水や空気の流速を計測する装置のことを、考案したフランスの物理学者の名前から何という?

Q.21 難易度 ★★★☆☆　　　1 2 3

1938年にソ連の物理学者カピッツァが発見した、液体が超低温で粘性を失う現象を何という?

Q.22 難易度 ★★★☆☆　　　1 2 3

大阪大学初代学長も務めた、正に帯電した核の周りを電子が回るとする「土星型原子モデル」を提唱した日本の物理学者は誰?

Q.23 難易度 ★★★☆☆　　　1 2 3

水の沸点は、摂氏温度(セルシウス度)では100度ですが、華氏温度(ファーレンハイト度)では何度?

Q.24 難易度 ★★★☆☆　　　1 2 3

67メートルの鋼鉄線と28キログラムのおもりから成る、地球の自転を証明するのに使われた振り子を、考案したフランスの物理学者の名前から何という?

Answer

20 ピトー管

解説▶
風力計や飛行機などの速度計に用いられる。ピトー管は流体の静圧(流れのない場合の圧力)と流体の全圧(静圧＋流れによる圧力)の差を計測できるようになっており、ここから流体の速さを求めることができる。

21 超流動

解説▶
現在のところ、ヘリウム以外の物質での超流動は発見されていない。超流動と字面が似た「超伝導」は、低温で物質の電気抵抗が0になる現象であり、1911年にオランダの物理学者カメルリング=オネスが発見した。

22 長岡半太郎

解説▶
当時主流だったトムソンの「ブドウパン型モデル」(正電荷の雲の中を電子が回るとする)に対し異説を唱えた。また、弟子に永久磁石「KS鋼」を開発した本多光太郎がおり、長岡と本多はともに第1回文化勲章を受章している。

23 212度

解説▶
摂氏温度を華氏温度になおすには摂氏温度を1.8倍した後、32を足せば良い($100 \times 1.8 + 32 = 212$)。その他の温度目盛にレオミュールが定めた、水の融点を0、沸点を80とする列氏温度などがある。

24 フーコーの振り子

解説▶
振り子の振動方向が地面に対して回転することから、地球の自転を証明した。実験場となったパンテオンは、ユゴー、ルソーなどの墓所でもある。またフーコーは磁場変化に伴い生じる導体内の渦電流(フーコー電流)も発見した。

Q.25　難易度 ★★★★☆　　　1 2 3

冷たいアイスティーにガムシロップを注いだとき、溶けた部分にもやもやとしたムラが現れる現象をドイツ語で何という?

Q.26　難易度 ★★★★☆　　　1 2 3

五次以上の一般的な方程式が代数的には解けないことを証明した、ノルウェーの数学者は誰?

Q.27　難易度 ★★★★☆　　　1 2 3

「一生をかけて我々の知る『平和』の意味を変える努力をした」ことにより1991年の第1回イグノーベル平和賞を受賞した、「水爆の父」と呼ばれるアメリカの科学者は誰?

Q.28　難易度 ★★★★☆　　　1 2 3

金融工学の発展に貢献した「伊藤の補題」に名を残す、2006年に第1回ガウス賞を受賞した日本の数学者は誰?

Q.29　難易度 ★★★★☆　　　1 2 3

「量子の世界では複数の状態が重ね合わさっているが、観測された瞬間にそれらは1つの状態に収束する」という量子力学における考え方を、ある都市の名をとって何という?

Answer

25 シュリーレン現象

解説▶

「シュリーレン(schliere)」とはドイツ語で「縞模様」「ムラ」という意味。光の屈折による現象で、日本語では「陽炎(かげろう)」とも呼ばれる。暑い日にアスファルトの道路上に浮かび上がるもやもやも同じ現象。

26 (ニールス・)アーベル

解説▶

肺結核により26歳の若さで死去している。なお三次方程式の一般的な解法はタルタリアによって発見された後、カルダーノによって発表されており、四次方程式の一般的な解法はカルダーノの弟子のフェラリによって発見された。

27 (エドワード・)テラー

解説▶

イグノーベル賞は人々を笑わせ、考えさせてくれる研究に対して与えられる賞で、授賞式はハーバード大学で行われる。ちなみに、ノーベル賞とイグノーベル賞の両方を受賞した唯一の人物は物理学者のアンドレ・ガイム。

28 伊藤清

解説▶

ガウス賞は技術やビジネスの発展に貢献した数学者に対して贈られる賞。伊藤清の確率微分方程式についての功績は、物理・化学の分野はもちろん、金融工学の基礎である「ブラックショールズ方程式」にも応用されている。

29 コペンハーゲン解釈

解説▶

1922年にノーベル物理学賞を受賞し、量子力学の形成に携わった物理学者ニールス・ボーアの研究所がコペンハーゲンにあったことに由来する。有名な思考実験「シュレディンガーの猫」は、この解釈を批判するためのもの。

Q.30　難易度 ★★★★☆　　　1 2 3

メンデレーエフらを抑えて1906年のノーベル化学賞を受賞している、フッ素の単離に初めて成功したフランスの科学者は誰?

Q.31　難易度 ★★★★☆　　　1 2 3

「ハロゲン」「同素体」といった用語を考案したスウェーデンの化学者で、元素記号を初めてアルファベットで表したのは誰?

Q.32　難易度 ★★★★★　　　1 2 3

1489年に著書『商業用算術書』の中で、数学の記号「+(プラス)」と「-(マイナス)」を初めて使ったドイツの数学者は誰?

Q.33　難易度 ★★★★★　　　1 2 3

「金属の熱伝導率と電気伝導率の比は、どんな金属であっても同じ温度であれば一定である」という法則を、これを報告した2人の物理学者の名前から何という?

Q.34　難易度 ★★★★★　　　1 2 3

1870年に小数点以下707桁という円周率計算の記録を打ち立てたが、後に528桁目以降が誤っていたことが発覚した、イギリスのアマチュア数学者は誰?

Answer

30　（アンリ・）モアッサン

解説▶

> フッ素は活性が高く他の元素と反応しやすい上、毒性が
> 強く単離は至難の業であった。また自作の電気炉を用い、
> 炭素から人工ダイヤモンドを生む研究も行った。ちなみ
> にメンデレーエフは元素の周期表を考案したロシアの科
> 学者。

31　（イェンス・）ベルセリウス

解説▶

> ジョン・ドルトンは円形を基調とした独自の記号で元素
> を表していたが、彼は簡便なアルファベット表記を用い
> こちらが現在定着している。ケイ素やセレンなど多くの
> 元素も発見した。尿素の合成に成功したヴェーラーは彼
> の弟子。

32　（ヨハネス・）ウィッドマン

解説▶

> 「×」が初めて使われたのはイギリスの数学者ウィリア
> ム・オートレッドが1631年に出版した『数学の鍵』の中
> で、「÷」が初めて使われたのはスイスの数学者ヨハン・
> ハインリッヒ・ラーンが1659年に出版した代数の本。

33　ヴィーデマン・フランツの法則

解説▶

> 金属の熱伝導と電気伝導の担い手がともに電子であるこ
> とが原因。熱伝導率と電気伝導率の比が絶対温度に比例
> することも知られる。しかし厳密に一定の値を取るわけ
> ではなく、金属によりある程度のずれは存在する。

34　（ウィリアム・）シャンクス

解説▶

> 寄宿制学校の所有者として生計を立て、余暇の時間を趣
> 味の数学にあてていた。他に円周率の計算に尽力した人
> 物としては、近年ではアレクサンダー・J・イーと協力し10
> 兆桁まで計算した長野県飯田市の会社員・近藤茂がいる。

第9章

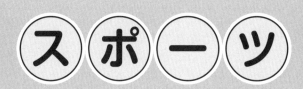

スポーツ

Q. 01   難易度 ★☆☆☆☆   1 2 3

バヌアツで行われていた儀式を起源とする、高い場所から
命綱を付けて飛び降りるアトラクションは何？

Q. 02   難易度 ★☆☆☆☆   1 2 3

テニスラケットの網の部分に使われる、羊などの動物の腸
から作った糸を何という？

Q. 03   難易度 ★☆☆☆☆   1 2 3

1988年に北海道の壮瞥(そうべつ)町で公式ルールが制定
された、雪を丸めて投げ合うスポーツは何？

Q. 04   難易度 ★★☆☆☆   1 2 3

サッカーで1人が1試合に3得点以上をあげることを「ハ
ットトリック」といいますが、これはもともと何のスポー
ツで使われる用語？

Answer

01 バンジージャンプ

解説▶

バヌアツ共和国のペンテコスト島で行われていた「ナゴール」という儀式に由来し、夫に追われた妻が足首にツタを巻き付け、身を投じた逸話から生まれた。2012年現在、世界一高いバンジージャンプは、マカオ・タワーの地上233m。

02 ガット

解説▶

"gut"は腸や胃などの消化器官を表す英語であり、ここから作られる糸のこともガットという。複数形の"guts"は「根性」や「勇気」といった意味があり、日本語でも「ガッツがある」というように用いる。

03 雪合戦

解説▶

1チーム7人のプレイヤーが、玉除けとなるシェルターが置かれたコートで、直径6.5〜7センチの雪玉を3分間で90個投げ合い、2セット先取した方が勝利となる。雪玉は、日本雪合戦連盟が開発した専用の雪玉製造機を用いて選手自ら作る。

04 クリケット

解説▶

クリケットは野球に似たスポーツで、3球で3人の打者をアウトにしたボウラー(投手にあたる)に帽子が与えられたことがハットトリックの由来。なおクリケットは試合中にティータイムがあり「紳士のスポーツ」と呼ばれる。

Q. 05　難易度 ★★☆☆☆　　1 2 3

全体を赤く塗装した「赤バット」で名を馳せた、東京巨人軍所属の往年の名選手は誰?

Q. 06　難易度 ★★☆☆☆　　1 2 3

公営ギャンブルの競馬を管轄している日本の中央省庁はどこ?

Q. 07　難易度 ★★☆☆☆　　1 2 3

水泳の男子自由形で33個もの世界新記録を樹立して戦後日本の復興のシンボルとなった、「フジヤマのトビウオ」の愛称で知られる水泳選手は誰?

Q. 08　難易度 ★★☆☆☆　　1 2 3

剣道で使用される4種類の防具とは、面、小手、胴と何?

Q. 09　難易度 ★★☆☆☆　　1 2 3

戦前の読売巨人軍の名投手の名前が付けられた、日本プロ野球で、その年で最も優れた先発完投型の投手に与えられる賞は何?

Answer

05 川上哲治

解説▶

赤信号への連想から「球を後ろへ行かせない＝ストライクを許さない」との意味合いを持たせた。監督として、巨人の9連覇も達成している。他のカラーバットで有名な選手に、青バットの大下弘、黒バットの南村侑広らがいる。

06 農林水産省

解説▶

畜産の振興に寄与する目的で、競馬の健全な発展を図っている。なおボートレース（競艇）は国土交通省が、競輪とオートレースは経済産業省が、スポーツ振興くじ（toto）は文部科学省が、宝くじは総務省が管轄している。

07 古橋広之進

解説▶

1948年のロンドン五輪には敗戦の影響で出場できなかったが、翌年のロサンゼルスで行われた全米選手権では自由形400m、800m、1500m、800mリレーすべてで世界新記録をマークした。

08 垂（たれ）

解説▶

薙刀ではこの4種類に加えて「すね当て」を用いる。剣道で使う竹でできた刀は「竹刀（しない）」。段位は最高で八段までで、称号は上から順に「範士」「教士」「連士」の3種類。最高段位の八段になれるのは46歳以上。

09 沢村賞（沢村栄治賞）

解説▶

長らくセ・リーグの投手に限定されていたが、1989年以降はパ・リーグも対象範囲とされた。7項目の選考基準を目安に、元選手から構成される選考委員会によって決定される。最多受賞記録は、金田正一ら4人の持つ3回。

Q.10 難易度 ★★☆☆☆ 　　　1 2 3

2006年のサッカーワールドカップ決勝で、この試合を最後に現役引退の表明をしていたものの、イタリアの選手に頭突きをして退場処分となった、フランスの選手は誰？

Q.11 難易度 ★★★☆☆ 　　　1 2 3

楽器の伴奏に合わせて足技を繰り出す、ブラジルの伝統的な格闘技は何？

Q.12 難易度 ★★★☆☆ 　　　1 2 3

ロス・オブ・コンタクト、ベント・ニーといえば何という競技の反則？

Q.13 難易度 ★★★☆☆ 　　　1 2 3

幅は1.5m～2m、長さは14mと定められている、フェンシングの試合場のことを何という？

Q.14 難易度 ★★★☆☆ 　　　1 2 3

スペインの国技・闘牛で、マタドールが牛を興奮させるために使う、棒に巻いた赤い布を何という？

Answer

10 （ジネディーヌ・）ジダン

解説▶

頭突きをされたイタリアのマテラッツィが、ジダンに対して何らかの侮辱的発言を行ったためとされるが、詳しい真相は定かでない。ジダンは1990年代からユベントスやレアル・マドリードで活躍した名選手。

11 カポエイラ

解説▶

カポエラとも。植民地時代、黒人奴隷の護身術として生まれたスポーツ。看守の目を盗んで発達したため、ダンスに近い格闘技となっており、リズムを取るための打楽器が欠かせない。ヘジョナウとアンゴーラが二大流派。

12 競歩

解説▶

ロス・オブ・コンタクトは両足が地面から離れる反則、ベント・ニーは前に出した脚のひざが伸びていない反則で、競歩の反則はこの２つのみ。五輪競技としては20km競歩と50km競歩（五輪競技の中では最長）が存在する。

13 ピスト

解説▶

フェンシングには、胴体への突きを有効とする「フルーレ」、全身への突きを有効とする「エペ」、突きだけでなく斬りも有効となる「サーブル」の３種類がある。公式言語はフランス語が使われ、試合開始は「アレ」という。

14 ムレタ

解説▶

スペインの闘牛士は、主役のマタドール、銛（もり）を打ち込むバンデリレロ、槍でとどめを刺すピカドール、助手のペネオから構成される。マタドールがムレタを右手に持つことはデレチャソ、左手に持つことはナトゥラル。

Q. 15　難易度 ★★★☆☆　　1 2 3

オリンピックで行われている3種類の飛込競技といえば、飛板飛込、高飛込と、もう1つは何?

Q. 16　難易度 ★★★☆☆　　1 2 3

1952年、ダド・マリノとのタイトルマッチに勝利し、日本人初のボクシング世界王者となったボクサーは誰?

Q. 17　難易度 ★★★☆☆　　1 2 3

自転車ロードレース「ツールドフランス」で、山岳部門を制した選手に与えられる、白地に赤い水玉模様の入ったジャージは何?

Q. 18　難易度 ★★★☆☆　　1 2 3

大相撲の決まり手の中で、名前に漢数字が含まれる4つの技とは、一本背負い、二丁投げ、二枚蹴りと何?

Q. 19　難易度 ★★★☆☆　　1 2 3

1974年、当時日本シリーズ9連覇を達成していた読売ジャイアンツを勝率0.1%差で下し、20年ぶりのリーグ優勝を果たしたプロ野球チームはどこだった?

Answer

15 シンクロナイズドダイビング

解説▶

競技者 2 名が同時に飛込を行い、演技の完成度と同調性が審査される。飛板飛込は弾力性のある飛板を、高飛込は固定された飛込台を使用して行うもので、オリンピックではそれぞれ 3 メートルと10メートルの高さから飛び込む。

16 白井義男

解説▶

GHQに勤務していたアルビン・カーンに見出され開花した。54年にパスカル・ペレスに敗れるまで、世界フライ級王者を 4 度防衛。日本人 2 人目の世界王者はファイティング原田で、フライ級とバンタム級の 2 階級を制覇。

17 マイヨ・ブラン・ア・ポワ・ルージュ

解説▶

ツールドフランスでは他に、総合優勝した選手にはマイヨ・ジョーヌ(黄色)、スプリント部門を制した選手にはマイヨ・ヴェール(緑色)、新人賞を獲得した選手にはマイヨ・ブラン(白色)といった特別なジャージが贈られる。

18 三所攻め(みところぜめ)

解説▶

相手の片足を攻め体勢を崩し、もう一方の足を手ですくいつつ、頭で相手の胸を押し倒すという珍しい技。大相撲の決まり手のうち、名前に人名が含まれるのは「河津掛け」、魚の名前が含まれるのは「鯖折り」のみ。

19 中日ドラゴンズ

解説▶

巨人71勝50敗 9 分、中日70勝49敗11分という僅差の勝負で巨人はV10を逃した。当時の中日監督は「ウォーリー」の愛称で有名なハワイ出身の与那嶺要。この年の日本シリーズ優勝はパ・リーグのロッテ・オリオンズ。

Q.20　難易度 ★★★☆☆　　　1 2 3

2001年の第6回大会は秋田で行われた、4年に1度、夏季オリンピックの翌年に開催される、オリンピックには採用されていない競技・種目を行う国際大会は何?

Q.21　難易度 ★★★☆☆　　　1 2 3

レフトには「グリーンモンスター」と呼ばれる巨大なフェンスがそり立つ、アメリカ・メジャーリーグの球団ボストン・レッドソックスの本拠地球場はどこ?

Q.22　難易度 ★★★☆☆　　　1 2 3

男子サッカー・ワールドカップで、最多優勝回数を誇るブラジル代表が初めて優勝した大会は、1958年にどこの国で開催されたもの?

Q.23　難易度 ★★★☆☆　　　1 2 3

ボウリングで、ストライクでもスペアでもないフレームのことを特に何という?

Q.24　難易度 ★★★☆☆　　　1 2 3

ドイツ人体育教師カールハンス・クローンが考案した、赤い羽の付いたボールを素手で打ち合う球技は何?

20 ワールドゲームズ

解説▶

綱引き、フライングディスク、登山、コーフボール、ライフセービング、スカッシュなどの競技がある。開催費用を抑えるために既存施設を最大限利用することも大きな特徴。オリンピックとの種目入れ替えも稀に行われる。

21 フェンウェイ・パーク

解説▶

本塁からレフトまでの距離が約94.5メートルと非常に狭く、容易に本塁打が出るのを防ぐため設置された。1912年から使用されているメジャーリーグ最古の球場でもあり、老朽化が懸念される一方、歴史ある佇まいが人気。

22 スウェーデン

解説▶

開催国スウェーデンを下しての優勝。以降チリ大会、メキシコ大会、アメリカ大会、日韓大会を制した。初代優勝カップの「ジュール・リメ杯」は3度目の優勝を達成した際、ブラジルが永久保存することになった。

23 オープンフレーム

解説▶

ボウリングの最高得点は300点。ストライクとスペアを交互に取ることは「ダッチマン」と呼ばれ、スコアは200点。3回連続でストライクを取ることを「ターキー」といい、特に第10フレームでは「パンチアウト」という。

24 インディアカ

解説▶

1930年代、南米インディオの遊び「ペテカ」をヒントに考案された。ちなみにバドミントンはインドの遊び「プーナ」を、イギリスのボーフォート公が持ち帰り、邸宅「バドミントン・ハウス」で紹介したことが由来とされる。

Q. 25　難易度 ★★★★☆　　1 2 3

1996年のアトランタ五輪柔道女子48kg級で、田村亮子を破って金メダルを獲得した、北朝鮮の柔道選手は誰？

Q. 26　難易度 ★★★★☆　　1 2 3

助走をつけて川の中に立てた棒に飛びつき運河を飛び越える、オランダのフリースランド発祥のスポーツは何？

Q. 27　難易度 ★★★★☆　　1 2 3

全米フィギュアスケート選手権で、1位の選手には金メダル、2位の選手には銀メダル、3位の選手には銅メダルが贈られますが、4位の選手に贈られるメダルは何？

Q. 28　難易度 ★★★★☆　　1 2 3

「ダブルアルバトロス」や「トリプルイーグル」とも呼ばれる、ゴルフで基準打数より4打少ない打数でホールアウトすることを何という？

Q. 29　難易度 ★★★★☆　　1 2 3

1975年、F1スペインGPで6位に入賞し、女性として初めてF1での入賞を成し遂げた、イタリアのドライバーは誰？

Answer

25 ケー・スンヒ（桂順姫）

解説▶
> シドニー五輪で銅メダル、アテネ五輪でも銀メダルを獲
> 得している。現在、彼女は北朝鮮で柔道の指導をしてお
> り、2012年のロンドン五輪柔道女子52kg級で金メダル
> を獲得したアン・クメ（安琴愛）のコーチを務めた。

26 フィーエルヤッペン

解説▶
> 飛距離を競う競技で、世界記録は19.7m。運河の多いオ
> ランダで、棒を使って運河を飛び越える生活の中から生
> まれた競技であるとされている。日本のフィーエルヤッ
> ペンの競技場は大阪府岸和田市に1つあるのみである。

27 ピューターメダル

解説▶
> 同大会では4位までがメダル授与の対象となり、金・
> 銀・銅メダルに加えてピューター（スズをベースとする合
> 金）でできたメダルが贈られる。この合金は日本語では
> 白目（しろめ）と呼ばれ、スズ細工の接合などに用いられる。

28 コンドル

解説▶
> 基準打数5のロングホールでホールインワンすることが
> 求められ達成は非常に難しい。基準打数より1打少ない
> とバーディー、2打少ないとイーグル、3打少ないとア
> ルバトロスといい、それぞれ小鳥、鷲、アホウドリの意。

29 （レラ・）ロンバルディ

解説▶
> 獲得したドライバーズポイントが0.5（通常は1）なのは、
> レースが事故により中断したため。彼女の生涯獲得ポイ
> ント0.5は現在でも最少記録。ちなみに史上初の女性F1
> ドライバーはマリア・テレーザ・デ・フィリッピス。

Q. 30　難易度 ★★★★☆　　　1 2 3

日本がサッカー・ワールドカップ初出場を決め、「ジョホールバルの歓喜」と呼ばれた1997年の対イラン戦で、延長前半から途中出場し、劇的な決勝点を挙げた選手は誰？

Q. 31　難易度 ★★★★☆　　　1 2 3

1972年、札幌五輪のスキージャンプ70メートル級で表彰台を独占した「日の丸飛行隊」の3人とは、金メダルの笠谷幸生、銀メダルの金野昭次と、銅メダルの誰？

Q. 32　難易度 ★★★★★　　　1 2 3

1900年のパリ五輪のテニス女子シングルスで優勝し、女性初のオリンピック金メダリストとなったイギリスのテニス選手は誰？

Q. 33　難易度 ★★★★★　　　1 2 3

2006年のトリノ五輪女子スノーボードクロス決勝で、ゴール直前まで首位であったが不要なジャンプを行って転倒し、後続に追い抜かれ2位となったアメリカの選手は誰？

Q. 34　難易度 ★★★★★　　　1 2 3

1992年と1996年のオリンピックでは男子100mと200mで計4つの銀メダルを獲得した、そのポーカーフェイスから「ナミビアの鉄仮面」と呼ばれた陸上選手は誰？

Answer

30 岡野雅行

解説 ▶ 長年浦和レッズで俊足のFWとして活躍しており、その独特の風貌から「野人」と呼ばれた。ちなみに、その4年前の1993年、日本がワールドカップへの出場を逃した対イラク戦の試合は「ドーハの悲劇」。

31 青地清二

解説 ▶ 札幌五輪において日本の獲得メダルはこの3個のみ。ちなみに日本勢が初めて表彰台を独占したのは、1932年のロサンゼルス五輪・男子100メートル背泳ぎで、清川正二・入江稔夫・河津憲太郎の3人が達成したもの。

32 (シャーロット・)クーパー

解説 ▶ ウィンブルドンでも1895年の優勝を皮切りに、8年連続の決勝進出や5回の優勝を成し遂げている。近代五輪初の優勝者は陸上三段跳びで優勝したジェームズ・コノリー。ただし、財政難から彼に贈られたのは銀メダルだった。

33 (リンゼイ・)ジャコベリス

解説 ▶ ジャンプを行ったのは観客向けパフォーマンスだったと思われる。スノーボードクロスはトリノ五輪で初めて公式競技採用された、凹凸のあるコースを障害物競争のように滑り降りる競技。類似した競技に「スキークロス」がある。

34 (フランク・)フレデリクス

解説 ▶ 好記録を出すものの、同走の選手の驚異的な新記録に阻まれる形での不運な2位になることが多く、シルバーコレクターと称された。ちなみに彼は2012年現在のところ唯一のナミビア人オリンピックメダリスト。

第10章

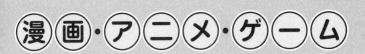

漫画・アニメ・ゲーム

Q. 01　難易度 ★☆☆☆☆　　　1 2 3

漫画『ドラえもん』で、ドラえもんが好きなものはどら焼きですが、嫌いなものといえば何？

Q. 02　難易度 ★☆☆☆☆　　　1 2 3

手塚治虫の漫画『ブラック・ジャック』で、ブラック・ジャックが畸形嚢腫（きけいのうしゅ）から人間の形に作り上げた、彼と同居し助手を務める女の子は誰？

Q. 03　難易度 ★☆☆☆☆　　　1 2 3

漫画雑誌「ガンガン」シリーズを発行する出版社はスクウェア・エニックスですが、「エース」シリーズを発行する出版社は何？

Q. 04　難易度 ★★☆☆☆　　　1 2 3

その名は「アニメーション」を逆から読んだものである、2005年よりフジテレビ系列で放送されている深夜アニメ枠を何という？

Answer

01 ネズミ

解説 ▶

耳をネズミにかじられたことが原因で耳を失くして以来、ネズミを嫌っている。ドラえもんが家のネズミ相手にジャンボガンや熱線銃、挙句の果てに地球破壊爆弾を使おうとする回が存在するほどである。

02 ピノコ

解説 ▶

口癖の「アッチョンブリケ」でもお馴染み。2001年のインターネットアニメでは宇多田ヒカルが声優を務めて話題になった。他の登場人物は「ドクター・キリコ」(ブラック・ジャックのライバル。安楽死を手がける)など。

03 角川書店

解説 ▶

「ガンガン」系列誌は『ガンガンJOKER』『ヤングガンガン』など、「エース」系列誌は『ヤングエース』『ガンダムエース』などがある。ちなみに「まんがタイム」シリーズを発行しているのは芳文社。

04 ノイタミナ

解説 ▶

アニメーション→Animation→noitaminA→ノイタミナとなる。第1号となったのは羽海野チカ原作の『ハチミツとクローバー』で、『のだめカンタービレ』『もやしもん』などが放映されている。

Q. 05　難易度 ★★☆☆☆　1 2 3

『弟切草』『街』『かまいたちの夜』のように、映像とサウンドを背景に物語を読み進める、アドベンチャーゲームのジャンルを何という？

Q. 06　難易度 ★★☆☆☆　1 2 3

英語で「第三者」という意味がある、コンピュータ本体のメーカーや系列会社以外の、ソフトウェアや周辺機器を製造・販売する会社を総称して何という？

Q. 07　難易度 ★★☆☆☆　1 2 3

『ゲド戦記』『コクリコ坂から』などでメガホンを取った、父に宮崎駿を持つ日本のアニメーション映画監督は誰？

Q. 08　難易度 ★★☆☆☆　1 2 3

本名は不明。アニメ化もされた谷川流(ながる)の人気ライトノベル「涼宮ハルヒ」シリーズにおいて、語り手を務める主人公は誰？

Q. 09　難易度 ★★☆☆☆　1 2 3

有名なアメリカンコミック『スーパーマン』で、スーパーマンが地球で名乗っている名前は何？

05 サウンドノベル

解説▶

サウンドノベルの第1作目はチュンソフトから1992年に
発売されたスーパーファミコン用ソフト『弟切草』であ
る。また、サウンドノベルはチュンソフト（現スパイ
ク・チュンソフト）の登録商標になっている。

06 サードパーティー

解説▶

このような周辺機器をサードパーティー製品と呼び、本
体のメーカーが製造している機器を純正品という。コン
シューマーゲーム業界においては、任天堂のようにゲー
ム機本体メーカー以外のゲームソフト発売会社のことを
指す。

07 宮崎吾朗

解説▶

建設コンサルタントとして三鷹の森ジブリ美術館の総合
デザインを手がけ、5年間、館長も務めている。『ゲド戦
記』の原作小説の作者はル＝グウィン。『コクリコ坂か
ら』の原作漫画は佐山哲郎原作・高橋千鶴作画。

08 キョン

解説▶

「キョン」はニックネーム。アニメ版の声優は杉田智和
が務めた。アニメ化されたライトノベルの主人公には、
『とらドラ！』の高須竜児、『狼と香辛料』のクラフト・ロ
レンス、『とある魔術の禁書目録』の上条当麻などがいる。

09 クラーク・ケント

解説▶

スーパーマンはクリプトン星からやってきたヒーロー。
普段は大都市メトロポリスで、デイリープラネット新聞
社の記者として過ごしている（2012年10月に退社）。映画
版では彼の役をクリストファー・リーヴが演じている。

Q.10　難易度 ★★☆☆☆　　1 2 3

ゲーム「ぷよぷよ」シリーズにおいて、対戦相手から送られてきた「おじゃまぷよ」を連鎖によって打ち消すことを何という?

Q.11　難易度 ★★★☆☆　　1 2 3

新しくゲーム機が発売されるときに、本体と同時に発売されるゲームソフトのことを何という?

Q.12　難易度 ★★★☆☆　　1 2 3

任天堂のゲーム『スーパーマリオブラザーズ』で、最短ルートでクリアした場合、通過するステージの数はいくつ?

Q.13　難易度 ★★★☆☆　　1 2 3

自らの作品のアニメシリーズに声優として出演しキャラクターソングも出している、代表作に『ひだまりスケッチ』がある漫画家は誰?

Q.14　難易度 ★★★☆☆　　1 2 3

新声社から発行されていたアーケードゲーム専門のゲーム雑誌で、「ハンドルを右に」を「インド人を右に」とするなど伝説的誤植を多く生み出したことで知られるのは何?

Answer

10 相殺（そうさい）

解説▶

「ぷよぷよ」は同じ色の「ぷよ」を縦横に4つ以上くっつけて消していく、落ち物パズルの金字塔。ぷよを連続で消すことを「連鎖」と呼び、その数に応じて相手に「おじゃまぷよ」を送り妨害する。これに対する連鎖が「相殺」。

11 ローンチタイトル

解説▶

ローンチソフトともいう。ローンチ（launch）とは、新製品を売り出すという意味の英単語。ファミリーコンピュータのローンチタイトルは、『ポパイ』『ドンキーコング』『ドンキーコングJr.』の3作品。

12 8つ

解説▶

マリオがクッパにさらわれたピーチ姫を助けに行くゲーム。最短は1-1、1-2、4-1、4-2、8-1、8-2、8-3、8-4の8ステージ。1-2と4-2の土管ワープを使うことによって大幅に経路を短縮できる。

13 蒼樹うめ

解説▶

アニメ『ひだまりスケッチ』では、ストーリーには関係しない「うめ先生」という緑色の生き物（もともとは自画像）の声を蒼樹うめが担当している。アニメ『魔法少女まどか☆マギカ』のキャラクター原案としても有名。

14 「ゲーメスト」

解説▶

1986年に創刊後、1999年に版元の倒産まで発行された。同誌が発祥の有名な誤植として、他に「ザンギュラのスーパーウリアッ上（ザンギエフのスーパーラリアット）」「餓死伝説（餓狼伝説）」などがある。

Q.15　難易度 ★★★☆☆　　1 2 3

本名を村田源二郎という漫画『ミスター味っ子』の主要登場人物で、特にアニメ版で顕著な、料理を食した際の強烈なリアクションで知られるのは誰?

Q.16　難易度 ★★★☆☆　　1 2 3

特撮番組『仮面ライダーカブト』でのギミックにその名を由来する、主に美少女フィギュアにおいて服装が着脱可能であることを何という?

Q.17　難易度 ★★★☆☆　　1 2 3

マリオシリーズに登場する悪役キャラクターで、ワリオが初登場した作品は『スーパーマリオランド2　6つの金貨』ですが、ワルイージが初登場した作品は何?

Q.18　難易度 ★★★☆☆　　1 2 3

1992年に『太陽のロマンス』でデビューした、『ハルコイ』『ちはやふる』などの作品で知られる日本の少女漫画家は誰?

Q.19　難易度 ★★★☆☆　　1 2 3

「ガンダム」シリーズで用いられる例が代表的な、アニメ制作会社・サンライズが自社制作作品の原作者名として共同で用いる筆名は何?

Answer

15 味皇（あじおう）

解説▶
主なリアクションとしては、「お茶漬けに桜の木を生やす」「巨大化して大阪城と一体化する」など。寺沢大介の手による原作漫画ではそれ程ではなく、アニメ版監督の今川泰宏の影響が大きいと考えられる。

16 キャストオフ

解説▶
『仮面ライダーカブト』においては、ライダーの装甲が弾け飛び、マスクドフォームからライダーフォームへと変身することを意味した。これを「外装が脱げる」になぞらえ、フィギュアにおいても広まった表現である。

17 『マリオテニス64』

解説▶
ワルイージは『マリオテニス』開発担当のキャメロット社によって生み出された。当時はテニスに向いた人型のキャラクターが少なく、ワリオとダブルスを組ませる相手を作るのが目的だったという。

18 末次由紀

解説▶
「マンガ大賞2009」大賞を受賞し、アニメ化もされた代表作『ちはやふる』は、主人公・綾瀬千早が競技かるたに目覚め成長していく様子を描く。主人公たちが通う高校は東京都の瑞沢高校。

19 矢立肇（やたて・はじめ）

解説▶
『奥の細道』に登場する、「物事の始まり」を意味する表現「矢立の初め」をもじった筆名。同様の例として、東映が特撮作品で用いる「八手三郎」、同じく東映がアニメ作品に用いる「東堂いづみ」などがある。

Q.20 難易度 ★★★☆☆   1 2 3

人気RPG「ドラゴンクエスト」シリーズの1つで、主人公が自分の結婚相手を選ぶというイベントがあるのは何?

Q.21 難易度 ★★★☆☆   1 2 3

特撮番組『ウルトラセブン』第14・15話「ウルトラ警備隊西へ」に敵役で登場した宇宙ロボットで、その名は同作品の脚本家に由来しているのは何?

Q.22 難易度 ★★★☆☆   1 2 3

2007年に木谷高明が創業した、『カードファイト!! ヴァンガード』や『ヴァイスシュヴァルツ』などのカードゲームを主力商品とする企業は何?

Q.23 難易度 ★★★☆☆   1 2 3

『天空の城ラピュタ』のパズー役、『DRAGONBALL』のクリリン役、『ONE PIECE』のルフィ役などで知られる女性声優は誰?

Q.24 難易度 ★★★☆☆   1 2 3

そのタイトルは早押しクイズの形式の1つに由来する、競技クイズを題材にした杉基イクラの漫画作品は何?

20 『ドラゴンクエストⅤ 天空の花嫁』

解説▶

スーパーファミコンとプレイステーション2では「フローラ」と「ビアンカ」、ニンテンドーDSでは先の2人に「デボラ」を加えた3人から選ぶ。同ゲームDS版のテレビCMによると、DS以前で最も選ばれたのはビアンカ。

21 キングジョー

解説▶

メイン脚本家の1人・金城哲夫が由来。金城の担当した回として、放送第1話「姿なき挑戦者」や最終話「史上最大の侵略」がある。キングジョーはペダン星人の操るロボットで、普段は4つの宇宙船形態へと分離している。

22 （株式会社）ブシロード

解説▶

木谷はキャラクターショップ・ゲーマーズの運営で知られる会社・ブロッコリーの創業者でもある。2012年には新日本プロレスの筆頭株主となっており、アニメとプロレスという異色のコラボレーションも行っている。

23 田中真弓

解説▶

『激走！ルーベンカイザー』の高木涼子役で声優デビュー。2011年の第5回声優アワードにおいては、同年から新設され、声優の職業を広めた女性声優に贈られる「高橋和枝賞」の第1回受賞者となっている。

24 『ナナマルサンバツ』

解説▶

7問正解で勝ち抜け、3問誤答で失格となる形式「7○3×」から。クイズを扱う漫画としては他に、『国民クイズ』（杉元怜一、加藤伸吉）、『サマーQ－天野センパイの"忘れられない"夏休み－』（千尋）などが挙げられる。

Q. 25　難易度 ★★★☆☆　　1 2 3

青山剛昌の漫画『名探偵コナン』で幼児化した人物で、江戸川コナンの本名は工藤新一ですが、灰原哀の本名は何？

Q. 26　難易度 ★★★☆☆　　1 2 3

音声データを提供した人物にその名を由来する、2004年にクリプトン・フューチャー・メディアから発売された日本語版VOCALOID第1号製品は何？

Q. 27　難易度 ★★★★☆　　1 2 3

大航海時代を舞台にモンスターに占拠された港を解放する、という筋書きのセガサターン用ゲームソフトで、冒頭の台詞「これはひどい」がネットスラングとして有名なのは何？

Q. 28　難易度 ★★★★☆　　1 2 3

東京都出身の女性音楽家で、『ハレ晴レユカイ』『もってけ!セーラーふく』など多くの有名アニメソングの作詞を手掛けているのは誰？

Q. 29　難易度 ★★★★☆　　1 2 3

赤塚不二夫の漫画『おそ松くん』で、6つ子のおそ松たちの名字は何？

Answer

25 宮野志保

解説 ▶

灰原哀・江戸川コナンはともに「アポトキシン4869」という薬で小学生の姿になったという設定。コナンは毛利家、哀は阿笠博士宅に居候している。彼らが通うのは「帝丹小学校」。住んでいる町は「米花町」。

26 MEIKO

解説 ▶

シンガーソングライターの拝郷メイコの声が素材。パッケージに女性の画を用いており、この路線を継承したキャラクター・ボーカル・シリーズ第１号・初音ミクの爆発的ヒットにより、１人のキャラクターとしても確立された。

27 『大冒険セントエルモスの奇跡』

解説 ▶

1996年に有限会社パイから発売された。単調なBGMやハードなゲームバランス、あまりにも個性的な台詞のモンスターなど、「一風変わった」セガサターン作品として『デスクリムゾン』と並び有名だった。

28 畑亜貴

解説 ▶

作曲家の神前暁（こうさきさとる）とのコンビが有名で、問題文に挙げた中では後者がその例である。作詞以外にも、ロックバンド「月比古」やアコースティックユニット「死蝋月比古」として活動している。

29 松野

解説 ▶

赤塚不二夫は漫画雑誌に４回の連載を依頼され「どうせ４回で終了ならハチャメチャなマンガを」と思い、おそ松、カラ松、チョロ松、一松、十四松、トド松の６つ子を主人公とする構成にしたという。結果、連載は７年間続いた。

Q. 30　難易度 ★★★★☆　　1 2 3

本名を保次（やすじ）という、1905年に日本初のカラー漫画雑誌『東京パック』を創刊し、日本における職業漫画家第1号とされる漫画家は誰？

Q. 31　難易度 ★★★★☆　　1 2 3

アメリカの発明家ラルフ・ベアが開発し、1972年にマグナボックス社から発売された、世界初の家庭用テレビゲーム機は何？

Q. 32　難易度 ★★★★☆　　1 2 3

エディット・ピアフに見出されて一躍人気者となったアルメニア系シャンソン歌手で、『機動戦士ガンダム』の登場人物シャア・アズナブルの名前の由来であるのは誰？

Q. 33　難易度 ★★★★★　　1 2 3

1998年発売の恋愛アドベンチャーゲーム『ノエル　ラ・ネージュ』に登場するヒロインの1人で、声を担当した人気声優・水樹奈々のデビュー作として知られるのは誰？

Q. 34　難易度 ★★★★★　　1 2 3

明治大学にあるサブカルチャー専門図書館に名が冠されている、第2代コミックマーケット準備会代表を務めてその発展に貢献し、「コミケの父」と称される漫画評論家は誰？

Answer

30 北沢楽天

解説 ▶
「日本近代漫画の父」とも称される。『東京パック』創刊前は福沢諭吉主催の「時事新報」で数年働いていた。晩年の住居は後に妻・いのによって市に寄付され、日本初の漫画関連の美術館「さいたま市立漫画会館」となっている。

31 オデッセイ

解説 ▶
発売当初の価格は100ドル。売れ行きはまずまずだったが、2年ほどで生産を終了した。「オーバーレイ」と呼ばれるシートが付属しており、プレイするゲームに合わせてテレビに貼り付ける。

32 （シャルル・）アズナヴール

解説 ▶
シャンソンの他に映画出演も多くこなしており、『アララトの聖母』『雨のエトランゼ』などに出演した。「ガンダム」シリーズにおける同様の例には、ハマーン・カーンの名の由来となった未来学者ハーマン・カーンがある。

33 門倉千紗都（かどくら・ちさと）

解説 ▶
もともとは演歌歌手志望であり、声はもちろん歌唱力にも定評がある。2000年にシングル『想い』で歌手デビュー。2009年にはNHK紅白歌合戦出場、2011年には東京ドームライブを、それぞれ声優史上初めて達成。

34 米沢嘉博（よねざわ・よしひろ）

解説 ▶
1980年から亡くなる2006年まで27年間準備会代表を務めた。明治大学の「米沢嘉博記念図書館」は、彼の蔵書を中心に漫画雑誌や同人誌などを十数万冊収蔵している。著書に『藤子不二雄論　FとAの方程式』など。

第11章

芸能・音楽

Q. 01　難易度 ★☆☆☆☆　1 2 3

450万枚以上を売上げ、オリコンシングルチャート歴代売り上げランキング1位となっている、1975年に発売された子門真人の曲は何?

Q. 02　難易度 ★☆☆☆☆　1 2 3

その名は「高い音の木材」という意味のフランス語に由来する、オーケストラの音合わせに用いられる二枚リードの縦笛は何?

Q. 03　難易度 ★☆☆☆☆　1 2 3

1998年に『Automatic/time will tell』でデビューした、「ヒッキー」の愛称で知られるシンガーソングライターは誰?

Q. 04　難易度 ★★☆☆☆　1 2 3

宝塚歌劇団に存在する5つの組とは、花組、月組、雪組、星組と何組?

Answer

01 『およげ！たいやきくん』

解説▶

カップリングにはなぎら健壱の『いっぽんでもニンジン』が収録されている。オリコンシングル歴代売り上げ２位は「宮史郎とぴんからトリオ」の『女のみち』で、300万枚以上を売り上げている。

02 オーボエ

解説▶

基本的には音合わせにはオーボエを用いるが、オーボエに合わせたチューニングが困難な鍵盤楽器を使うときは使われない。また、フレンチホルンとともに「世界で一番演奏が難しい楽器」としてギネス記録に認定されている。

03 宇多田ヒカル

解説▶

父は宇多田照實（てるざね）、母は藤圭子であり、1993年には両親とともにファミリーユニット「U3」としてアルバム『STAR』をリリースしている。シングル売上No.1は『Addicted to You』。

04 宙組（そらぐみ）

解説▶

宝塚歌劇団は女性のみから成る劇団で、５つの組と、どの組にも属さない専科から成る。創始者は小林一三。第１回の『ドンブラコ』を公演して以来、『ベルサイユのばら』や『風と共に去りぬ』など多くのヒット作品を公演した。

Q. 05　難易度 ★★☆☆☆　①②③

原作では "Here's looking at you, kid." という文言であった、映画『カサブランカ』でハンフリー・ボガードが放った名台詞は何？

Q. 06　難易度 ★★☆☆☆　①②③

日本語では「交声曲」という音楽の形式で、バッハが作曲したコーヒーを題材にしたものが有名なのは何？

Q. 07　難易度 ★★☆☆☆　①②③

姉に女優の松本紀保、兄に市川染五郎、父に松本幸四郎を持つ人気女優といえば誰？

Q. 08　難易度 ★★☆☆☆　①②③

日本でいう「昼ドラ」に類似したアメリカ版メロドラマのことを、洗剤会社がスポンサーに付く例が多かったことから何という？

Q. 09　難易度 ★★☆☆☆　①②③

南米のアンデス山地などに住むインディオの民俗音楽を、「民間伝承」を意味するスペイン語で何という？

Answer

05 「君の瞳に乾杯」

解説▶

『カサブランカ』はヴィシー政権下のフランス領モロッコを舞台とした恋物語で、随所にヴィシー政府批判描写があり、反枢軸国映画とみられる。洋画字幕の大御所・高瀬鎮夫(しずお)の訳で、作品中でも最も有名な一節となった。

06 カンタータ

解説▶

他の音楽の形式には、奏鳴曲(ソナタ)、聖譚曲(オラトリオ)、前奏曲(プレリュード)、夜想曲(ノクターン)、奇想曲(カプリッチョ)、諧謔曲(スケルツォ)、鎮魂曲(レクイエム)、協奏曲(コンツェルト)などがある。

07 松たか子

解説▶

夫はミュージシャンの佐橋佳幸。兄の市川染五郎は歌舞伎役者としては7代目、父の松本幸四郎は同9代目。TVドラマ初出演は1994年のNHK大河ドラマ『花の乱』における幼少期の日野富子役。

08 ソープ・オペラ

解説▶

P&Gやユニリーバなどがスポンサーに付いた。同様の単語に「マカロニ・ウェスタン」があり、低予算で制作されたイタリア製西部劇を指す。ちなみにこれは和製英語で、英語では「スパゲッティ・ウェスタン」という。

09 フォルクローレ

解説▶

英語で「民間伝承」を意味する"folklore"(フォークロア)をスペイン語読みしたもの。サイモン・アンド・ガーファンクルが英訳した『コンドルは飛んでゆく』が世界的にヒットしたことで有名である。

Q. 10　難易度 ★★☆☆☆　　　1 2 3

コッポラの『友よ、風に抱かれて』、チミノの『ディア・ハンター』、キューブリックの『フルメタル・ジャケット』といえば、いずれも何を題材とした映画？

Q. 11　難易度 ★★★☆☆　　　1 2 3

李白や王維の漢詩のドイツ語訳が歌詞になっている、マーラーの9番目の交響曲の名前は何？

Q. 12　難易度 ★★★☆☆　　　1 2 3

明治時代を代表する歌舞伎役者で、「団菊左」と呼ばれた3人といえば、市川団十郎、尾上菊五郎と誰？

Q. 13　難易度 ★★★☆☆　　　1 2 3

宇宙船の捕獲に端を発する米ソ一触即発の危機をボンドが解決するという内容の、映画『007』シリーズ第5作で、ほぼ全編にわたり日本を舞台としているのは何？

Q. 14　難易度 ★★★☆☆　　　1 2 3

ボーカルはミック・ジャガー。歌手マディ・ウォーターズの曲名からバンド名を付けた、『サティスファクション』などのヒット曲で知られるイギリスのロックバンドは何？

Answer

10 ベトナム戦争

解説▶

アメリカ世論を大分裂せしめた出来事だけに、戦争映画の中でも1ジャンルを築けるほど多彩な作品が作られた。他の作品にオリヴァー・ストーン『プラトーン』、バリー・レヴィンソン『グッドモーニング、ベトナム』などがある。

11 『大地の歌』

解説▶

「交響曲第9番を作曲すると死ぬ」というジンクスを恐れたマーラーは、9番目の交響曲を「第9番」とせずに『大地の歌』と名付けた。しかしマーラーはその次の交響曲第9番を作曲した後、この世を去ってしまった。

12 市川左団次

解説▶

市川団十郎、尾上菊五郎、市川左団次の3人。それぞれの屋号は成田屋、音羽屋、高島屋。その他に澤瀉屋(市川猿之助)、高麗屋(松本幸四郎)、中村屋(中村勘三郎)、成駒屋(中村歌右衛門)、播磨屋(中村吉右衛門)など。

13 『007は二度死ぬ』

解説▶

日本からは丹波哲郎、若林映子、浜美枝らが出演。蔵前国技館での情報員との接触や姫路城を根拠地とする特殊部隊、新燃岳地下にある敵のロケット基地など、全国的なロケが展開された。忍者や漁民に扮するボンドも見もの。

14 ザ・ローリング・ストーンズ

解説▶

他に有名なミュージシャンには、セックス・ピストルズのボーカル「ジョニー・ロットン」やベース「シド・ヴィシャス」、U2のボーカル「ボノ」、レッド・ツェッペリンのギター「ジミー・ペイジ」などがいる。

Q.15　難易度 ★★★☆☆　　　1 2 3

19世紀のアレッサンドロ・モレスキを最後に公式には存在しなくなった、変声期前の音域を維持するため去勢した男性歌手のことを何という?

Q.16　難易度 ★★★☆☆　　　1 2 3

寄席で、高座の前などに置いてある出演者の名前が書かれた紙のことを何という?

Q.17　難易度 ★★★☆☆　　　1 2 3

『オー・マイ・パパ』『青いカナリア』などのヒット曲で知られる、かつて美空ひばり・江利チエミとともに「三人娘」と称された歌手・女優は誰?

Q.18　難易度 ★★★☆☆　　　1 2 3

マルセル・カルネ監督の映画『夜の門』の主題歌として使われた、シャンソンのスタンダードナンバーとして有名なイヴ・モンタンの代表曲は何?

Q.19　難易度 ★★★☆☆　　　1 2 3

主演はラッセル・クロウ。天才数学者ジョン・ナッシュの半生を描き、2001年の第74回アカデミー賞作品賞に輝いたロン・ハワード監督の映画は何?

Answer

15 カストラート

解説▶
主にオペラや聖歌隊を舞台に活躍したが、啓蒙主義の浸透や女性歌手の登場により舞台を去っていった。18世紀に活躍したファリネッリ（本名カルロ・ブロスキ）は最も有名な1人で、映画『カストラート』にも描かれた。

16 めくり

解説▶
出演者が変わるごとに「めくって」いくことからこう呼ばれるようになった。めくりの出演者の名前は橘右近が創始した「橘流」という書体で書かれる。ちなみに、歌舞伎の書体は「勘亭流」、相撲の書体は「根岸流」。

17 雪村いづみ

解説▶
娘にはタレントの朝比奈マリアがいる。「三人娘」は全員1937年生まれで、雪村いづみの本名は「朝比奈知子」、江利チエミの本名は「久保智恵美」、美空ひばりの本名は「加藤和枝」。

18 『枯葉』

解説▶
モンタンは『夜の門』の主演を務めるなど俳優としても有名。『枯葉』の作詞は『夜の門』の脚本を担当したジャック・プレヴェール、作曲は音楽を担当したジョゼフ・コスマ。イヴ・モンタンの本名は「イーヴォ・リーヴィ」。

19 『ビューティフル・マインド』

解説▶
題材となったナッシュは1994年にノーベル経済学賞を受賞した数学者・経済学者で、ゲーム理論で最も重要な「均衡」概念に名を残す。同年のアカデミー主演女優賞は『チョコレート』でハル・ベリーが黒人女性初の受賞。

Q. 20　難易度 ★★★☆☆　　　1 2 3

作家の内田百閒と彼の門下生たちの心温まる交流を描いた、
黒澤明監督の遺作となった映画は何？

Q. 21　難易度 ★★★☆☆　　　1 2 3

日本の映画倫理委員会が定める映画鑑賞の年齢制限区分
（R指定）の1つで、「12歳未満の鑑賞には保護者の助言・
指導が必要」とされているのは何？

Q. 22　難易度 ★★★☆☆　　　1 2 3

日本の伝統芸能・人形浄瑠璃文楽で、一体の人形を操作す
る操り手は何人？

Q. 23　難易度 ★★★☆☆　　　1 2 3

能舞台で、観客の前へ出る直前の役者が控え、能面をつけ
る部屋のことを何という？

Q. 24　難易度 ★★★☆☆　　　1 2 3

演奏形態から単に「横笛（おうてき）」とも呼ばれる、笙（し
ょう）・篳篥（ひちりき）とともに雅楽の「三管」に数えら
れる楽器は何？

20 『まあだだよ』

解説▶

1943年に監督デビュー作の『姿三四郎』が公開されてからちょうど50周年にあたる1993年に、監督30作目として公開された。主役の内田百閒を松村達雄が演じ、所ジョージが出演したことでも話題になった。

21 PG12

解説▶

PGは"parental guidance"の略。R指定には他に、15歳以上が鑑賞できるとする「R15+」と、18歳以上が鑑賞できるとする「R18+」がある。また年齢に関係なく誰でも鑑賞できる映画は「G」に区分される。

22 3人

解説▶

頭部や表情を司る「主遣い」、左手と小道具を司る「左遣い」、脚部を司る「足遣い」の3人。18世紀中頃に3人で操る体制となった。左遣いは「差金」という道具を使用しており、これが人を背後で操る様を表す意味へ転じた。

23 鏡の間

解説▶

全身を映す大鏡が置かれることから。楽器をチューニングする場所でもある。能舞台は、演技を行う「本舞台」と、本舞台と鏡の間を繋ぐ「橋掛かり」から構成され、鏡の間と橋掛かりの間は「揚幕(あげまく)」で隔てられる。

24 龍笛(りゅうてき)

解説▶

7つの指孔を持つ横笛で、和楽器における横笛一般の原型とされる。同じ指使いでも息の強弱で1オクターブの違いが出せ、音域が広いのが特徴。雅楽の中でも唐楽や催馬楽(さいばら)のジャンルで主に活躍する楽器である。

Q. 25　難易度 ★★★★☆　　1 2 3

ジャケット写真にはアインシュタイン、ルイス・キャロル、福助人形などが登場している、1967年に発売されたザ・ビートルズの8枚目となるアルバムのタイトルは何?

Q. 26　難易度 ★★★★☆　　1 2 3

第1回チャイコフスキー国際コンクール・ピアノ部門で優勝したアメリカのピアニストで、自身も有名なピアノコンクールに名を残すのは誰?

Q. 27　難易度 ★★★★☆　　1 2 3

渡世人・あんかけの時次郎と小坊主・珍念を主人公とした時代劇風コメディで、「俺がこんなに強いのも、あたり前田のクラッカー」などの流行語で知られるのは何?

Q. 28　難易度 ★★★★☆　　1 2 3

その名はオールナイトとなる最終日に見られる日の出に由来する、フジロック、サマーソニック、ロッキンジャパンとともに日本四大フェスに数えられる北海道の夏フェスは何?

Q. 29　難易度 ★★★★☆　　1 2 3

放映期間が1年間にわたった最後の作品である、脚本家・橋田壽賀子の半生を題材とし、1994年10月から放映されたNHK朝の連続テレビ小説第52作のタイトルは何?

25 『サージェント・ペパーズ・ロンリー・ハーツ・クラブバンド』

解説▶
> ジョン・レノン（ギター）、ポール・マッカートニー（ベース）、ジョージ・ハリソン（ギター）、リンゴ・スター（ドラムス）の４人から成るロックバンド。1962年、『ラヴ・ミー・ドゥ』でデビュー後、70年に解散。

26 （ヴァン・）クライバーン

解説▶
> 冷戦時代にソ連の威信をかけ始まったコンクールだけに、アメリカ人の優勝は衝撃を呼んだ。ヴァン・クライバーン国際ピアノコンクールは1962年に始まり、2009年には辻井伸行が日本人初の優勝を果たしている。

27 『てなもんや三度笠』

解説▶
> 1962年から1968年まで足掛け７年にわたり放送された人気シリーズ。時次郎役・藤田まことにとっては、これが出世作でもある。なお、「前田のクラッカー」とは一社提供元・前田製菓の看板商品。

28 ライジング・サン・ロックフェスティバル

解説▶
> 1999年より開催されており、現在は北海道小樽市新港樽川埠頭で行われる。略称は「RSR」。北海道で行われることから正式名称には「in EZO」の文字が入り、「エゾ」という通称で呼ばれることもある。

29 『春よ、来い』

解説▶
> 松任谷由実の同名の主題歌も有名。主演・安田成美の降板騒動でも話題になった。1990年代には他に第46作『君の名は』も１年間放映されている。『君の名は』は菊田一夫脚本で昭和30年台にヒットしたラジオドラマが原作。

Q.30　難易度 ★★★★☆　　□ ② ③

935年に起こった平将門の乱を題材としたNHK大河ドラマ第14作で、同シリーズで最も古い時代を扱った作品であるのは何？

Q.31　難易度 ★★★★☆　　□ ② ③

急流に流された主人公が1本の材木にすがり付いて生き残り、「お材木（お題目）のおかげで助かった」との台詞がサゲとなる落語の演目で、三題噺の代表例であるのは何？

Q.32　難易度 ★★★★★　　□ ② ③

『パットン大戦車軍団』のパットン将軍役で1970年のアカデミー主演男優賞を受賞するもこれを拒否した、アメリカの映画俳優は誰？

Q.33　難易度 ★★★★★　　□ ② ③

1993年に結成された、ギターボーカルのヘーゲルベルク、冷蔵庫のシャウ、電気コンロのグットルムスゴールの3人をメンバーとするノルウェーのスリーピースバンドは何？

Q.34　難易度 ★★★★★　　□ ② ③

雑誌「芸術世界」の発行や、バレエ団「バレエ・リュス」の設立などの活動を行った、ロシアの芸術プロデューサーは誰？

Answer

30 『風と雲と虹と』

解説 ▶

原作は海音寺潮五郎の小説『平将門』『海と風と虹と』。
逆に新しい時代を扱った作品として『山河燃ゆ』『春の波
涛』『いのち』の「近現代三部作」があり、特に『いの
ち』は歴史上の有名人物が全く登場しない異色作である。

31 『鰍沢（かじかざわ）』

解説 ▶

三題噺とは、客から与えられた3つのお題をもとに即興
で話を組み立てる落語の形態で、初代三笑亭可楽が創始
者といわれる。『鰍沢』は三遊亭圓朝の作で、3つのお題
は「卵酒」「鉄砲」「毒消しの護符」であったとされる。

32 （ジョージ・キャンベル・）スコット

解説 ▶

スコットが受賞を拒否したのは授賞式をお祭り騒ぎとし
て避けていたため。他に受賞拒否をした人物は、『ゴッド
ファーザー』で1972年のアカデミー主演男優賞を受賞す
るも、これを拒否したマーロン・ブランドがいる。

33 ヒューラ・トルペード（Hurra Torpedo）

解説 ▶

台所用品は、蓋の開閉やハンマーでの殴打によるパーカ
ッションとして使用。突飛な構成がネットで人気を博し、
ボニー・タイラーの『Total Eclipse of the Heart』をカバ
ーした動画が特に有名。

34 （セルゲイ・）ディアギレフ

解説 ▶

彼のバレエ・リュスは革新的な近代バレエを開拓し、バ
レエを芸術の域に高めた。ストラヴィンスキーのオペラ
『春の祭典』の振付を行ったダンサー・ニジンスキーなど、
その後のバレエ界を支えた優秀な人材も多く輩出した。

第12章

フ　ァ　ッ　シ　ョ　ン

Q. 01　難易度 ★☆☆☆☆　　1 2 3

マリリン・モンローが「寝るときには何を着ています
か？」との問いに対して答えた「シャネルの5番」とは、
服ではなく何のブランド品の名前？

Q. 02　難易度 ★☆☆☆☆　　1 2 3

ウォータープルーフタイプやロングタイプなどがある、ま
つ毛を濃く見せるために使われる化粧品の一種は何？

Q. 03　難易度 ★☆☆☆☆　　1 2 3

ギリシャ語で「イナゴ豆」という意味の言葉に由来する、
宝石の重さや金の純度を表す単位は何？

Q. 04　難易度 ★☆☆☆☆　　1 2 3

もともとは綿の染糸とさらし糸で織った平織物のことを指
した言葉で、現在では白を基調とした2色のチェック模様
を指すファッション用語になっているのは何？

Answer

01 香水

解説 ▶

服を着る動作を表す英単語 "wear" が、香水を付ける動作も表すことに引っ掛けたもの。シャネルはフランスのデザイナーであるココ・シャネルが創業したファッションブランドであり、商品名の「5番」は試作品番号。

02 マスカラ

解説 ▶

マスカラは後に「メイベリン」を創業した薬剤師トーマス・L・ウィリアムズが、目が小さいことを悩む妹メイベルのため、石炭粉をワセリンに混ぜて作った化粧品。これを愛用した甲斐あってか、メイベルは意中の人と結ばれた。

03 カラット

解説 ▶

その昔、天秤で重さを測るのにイナゴ豆を用いたことから。宝石の重さでは「1カラット＝0.2g」、金の純度では24カラットを「純金」とする単位。なおダイヤモンドの品質基準の「4C」とはカラット・カット・カラー・クラリティの4つ。

04 ギンガム

解説 ▶

他の有名なチェック柄には、スコットランドの民族衣装などで知られる「タータンチェック」や、羊飼いが用いていたことが語源の「シェファード・チェック」、インドの港町の名が付いた多色の「マドラスチェック」などがある。

Q. 05　難易度 ★★☆☆☆　　1 2 3

サンスクリット語で「赤褐色」という意味の言葉の音訳である、仏教の僧が着る衣服のことを何という?

Q. 06　難易度 ★★☆☆☆　　1 2 3

その名はベルギーの毛織物産地に由来する、トッグルと呼ばれる留め具が付いていることが特徴のコートは何?

Q. 07　難易度 ★★☆☆☆　　1 2 3

ファッション用語で、洋服の上下やバッグと靴などを同じ材質や色で揃えた組み合わせのことを、「一緒に」といった意味のフランス語で何という?

Q. 08　難易度 ★★☆☆☆　　1 2 3

女性用の着物を着るときに、着丈より長く余った布地をたくし上げて紐で締めた部分のことを何という?

Q. 09　難易度 ★★☆☆☆　　1 2 3

チュールなどの薄い布を何枚も重ねて作る、バレリーナ用のスカートのことを何という?

Answer

05 袈裟（けさ）

解説▶
袈裟は「赤褐色」を意味する「カシャーヤ」の音訳。福田衣（ふくでんえ）などの別名がある。マガダ国の王が釈迦やその弟子たちと異教者たちを区別するために専用の服を着てほしいと頼んだことから生まれたとされる。

06 ダッフルコート

解説▶
ベルギーの地名デュフェルに由来。もともとは北欧の防寒着だったが、第二次世界大戦でイギリス海軍に採用され一般に広まった。ちなみにトレンチコートは第一次世界大戦の塹壕戦でイギリス軍が使用したコートが広まったもの。

07 アンサンブル

解説▶
音楽用語では合唱団や合奏団、演奏の調和などを表す。着こなしを指すファッション用語は、内側の服が上着を羽織っても見えるようにする重ね着「レイヤード（・ルック）」や、袖や裾を巻き上げる「ロールアップ」など。

08 おはしょり

解説▶
帯を収めやすくしたり着崩れを直しやすくするために便利とされる。他の着物用語には女性用和服の脇にある穴「身八つ口」や、背の縫い目から袖口までの長さ「裄（ゆき）」、裏地のない着物「ひとえ」、裏地のある着物「あわせ」など。

09 チュチュ

解説▶
バレリーナのマリー・タリオーニが、バレエ『ラ・シルフィード』の中で初めて着用したといわれている。チュチュにはスカートの丈の短い「クラシックチュチュ」と、丈の長い「ロマンティックチュチュ」の2種類がある。

Q.10 難易度 ★★☆☆☆   1 2 3

ファッションやヘアスタイルなどでしばしば用いられる用語「アシメ」とは、何という言葉の略?

Q.11 難易度 ★★★☆☆   1 2 3

襟が大きく開いており、首筋や胸元を露わにしたイブニングドレスのことをフランス語で何という?

Q.12 難易度 ★★★☆☆   1 2 3

大きく前へ張り出した前髪と、高く纏められた頭頂部が特徴的な女性の髪型で、日露戦争の激戦地に由来した名が冠せられているのは何?

Q.13 難易度 ★★★☆☆   1 2 3

2006年には日本初の直営店が表参道にオープンした、馬に乗りポロをしている様子が描かれたワンポイントのロゴマークで有名なアメリカのファッション・ブランドは何?

Q.14 難易度 ★★★☆☆   1 2 3

日本では一般に高級既製服のことを指すときに使われる、「既製服」という意味があるフランス語は何?

Answer

10 アシンメトリー

解説▶

「アシンメトリー」とは、左右非対称を意味する英語。ちなみに、左右対称のことは「シンメトリー」という。英語の略称であるヘアスタイル用語には、つけ毛を意味する「エクステ」(エクステンションの略)などがある。

11 ローブ・デコルテ

解説▶

夜の女性用の礼服。対して昼の礼服は「ローブ・モンタント」と呼ばれ、襟は高くせり上がっている。男性の礼服としておなじみの「タキシード」の名前は、ニューヨークの公園、タキシード・パークに由来する。

12 二百三高地髷(まげ)

解説▶

二百三高地は旅順にある丘で、旅順要塞攻防戦で戦艦の着弾観測地として日本軍とロシア軍が取り合った。高く纏まった頭頂部をこれに見立てて名付けられたのが二百三高地髷で、戦勝記念として1905年頃に流行した。

13 ラルフ・ローレン

解説▶

ラルフ・ローレンはデザイナーの名で、彼が手がけたネクタイブランド「ポロ」が起源。1974年の映画『華麗なるギャツビー』でメンズ、1977年の映画『アニー・ホール』でウィメンズがそれぞれ高評価されたことも有名。

14 プレタポルテ

解説▶

特に有名なデザイナーやショップの高級既製服のことを「プレタポルテ」と呼ぶ。プレタポルテを作る高級衣装店や、その衣装店が注文を受けて作る服は「オートクチュール」と呼ばれる。

Q.15 難易度 ★★★☆☆　　　　　1 2 3

株式会社ジャパンイマジネーションが展開するレディースのファッションブランドで、その渋谷109にある店舗は2000年以降12年連続で渋谷109売上No.1を記録しているのは何?

Q.16 難易度 ★★★☆☆　　　　　1 2 3

人気のファストファッションで、「FOREVER21」はアメリカのブランドですが、「H&M」はどこの国のブランド?

Q.17 難易度 ★★★☆☆　　　　　1 2 3

髪型の一種、リーゼントの名前の由来となったリーゼント通りがある、ヨーロッパの都市はどこ?

Q.18 難易度 ★★★☆☆　　　　　1 2 3

光文社の「JJ」や小学館の「CanCam」などに代表される、主にコンサバ系ファッションを扱ったファッション誌のことを、そのタイトルによく使われる色から何系という?

Q.19 難易度 ★★★☆☆　　　　　1 2 3

フランス語で「ふくらはぎの中間」といった意味がある、スカートなどにおいて、膝頭が隠れる程度の長さの着丈のことを何という?

Answer

15 セシル・マクビー

解説▶

> 正式な表記は「CECIL McBEE」。渋谷109店は渋谷109の
> ２階にあり、芸能人では浜崎あゆみなどがファンである
> とされる。株式会社ジャパンイマジネーションはセシル
> マクビー以外にも６つのブランドを持つ。

16 スウェーデン

解説▶

> 「H&M」とは「ヘネス＆モーリッツ」の略。他の有名な
> ファストファッションブランドとしては、「ZARA」(スペイ
> ン)、「アバクロンビー・アンド・フィッチ」(アメリカ)、
> 「アメリカンイーグル」(アメリカ)など。

17 ロンドン

解説▶

> ロカビリー歌手のエルヴィス・プレスリーがリーゼント
> にしていたことは、当時の日本の若者に大きな影響を与
> えた。ちなみに「モヒカン」は、アメリカのモヒカン族
> というインディアンの髪型を真似たもの。

18 赤文字系(雑誌)

解説▶

> 主婦の友社の「Ray」や講談社の「ViVi」なども有名。原
> 宿を主要な発信地とし、女性受けする脱コンサバ・カジ
> ュアルなファッションを取り扱う「Zipper」や「sweet」
> などの雑誌は「青文字系」という。

19 ミモレ

解説▶

> 「ミモレスカート」というように使用される用語。1959
> 年にマリー・クワントが発表し、1965年にアンドレ・ク
> レージュがヒットさせたのは「ミニスカート」。「ミニス
> カートの女王」と称されたのはツィッギー。

Q.20　難易度 ★★★☆☆　　1 2 3

1969年にファッション・ブランド「コム・デ・ギャルソン」を立ち上げ、そのチーフデザイナーを務めている日本のデザイナーは誰?

Q.21　難易度 ★★★☆☆　　1 2 3

真ん中の部分が高く、つばが広いという特徴がある、スペインや中南米で着用される帽子を何という?

Q.22　難易度 ★★★☆☆　　1 2 3

1950年代の人気スタイル・真知子巻きに名を残す「氏家真知子」とは、当時大ヒットした何という映画のヒロイン?

Q.23　難易度 ★★★☆☆　　1 2 3

1ポンド(約454グラム)あたりの長さが840ヤード(約768メートル)であるものを1とする糸の太さを表す単位は何?

Q.24　難易度 ★★★☆☆　　1 2 3

フランス語で「石畳」という意味がある、メレダイヤなどを隙間なく敷き詰めたジュエリーのセッティングのことを何という?

Answer

20 川久保玲

解説▶

> 1981年のパリコレにデビューした際には、同じくパリコレデビューを果たした山本耀司とともにほぼ黒一色のデザインを提案し「黒の衝撃」と呼ばれた。その特徴的な服は「カラス族」や「ボロルック」などとも称される。

21 ソンブレロ

解説▶

> 他に南米で着用されている服には、四角形の布地の真ん中にあけられた穴に頭を通す「ポンチョ」や、七分丈で裾が広がっている「ガウチョパンツ」などがある。なお、袖なしのレインコートを「ポンチョ」ということもある。

22 『君の名は』

解説▶

> 1952年にスタートした人気ラジオドラマの劇場版。頭にかけたショールの端を首へ巻きつけるスタイルが流行した。このように、映画発の流行ファッション(特に50〜60年代のもの)を和製英語で「シネモード」と呼ぶ。

23 番手

解説▶

> この糸の太さを一番手といい、同じ重さで長さが2倍になると二番手、3倍になると三番手となり、番手数が多いほど細い糸になる。なお450mで0.05gの糸の太さをデニールといい、デニール数が増えるほど太い糸を表す。

24 パヴェ

解説▶

> メレダイヤとは約0.2カラット以下の小粒のダイヤ。パヴェを施した指輪は「エタニティリング」と呼ばれ、永遠の愛を象徴することから婚約指輪はもちろん、結婚10周年に贈る「スイート10ダイヤモンド」としても人気。

Q. 25　難易度 ★★★★☆　　　1 2 3

ジャコウジカから取れる香りを「ムスク」といいますが、ジャコウネコから取れる香りを何という?

Q. 26　難易度 ★★★★☆　　　1 2 3

日本では「コール天」などとも呼ばれる、表面に縦方向の畝(うね)が織り出された綿織物のことを何という?

Q. 27　難易度 ★★★★☆　　　1 2 3

現在ではフード付きの防寒用上着を総称する言葉にもなっている、アザラシやトナカイの毛皮で作られた、イヌイットのフード付き防寒着を何という?

Q. 28　難易度 ★★★★☆　　　1 2 3

オーディションなどの選考基準に使用される、自身の写真とともに氏名や服のサイズなどが記された、ファッションモデルが用いる名刺のようなものを英語で何という?

Q. 29　難易度 ★★★★☆　　　1 2 3

1946年に開業した、数多くの有名人御用達の老舗眼鏡店で、ジョン・レノンが死の直前まで着用していた眼鏡を販売していたのはどこ?

Answer

25 シベット

解説 ▶

それぞれ「麝香」「霊猫香」ともいう。ムスクは芳香の代表格であり、香りが良いことから命名された「マスクメロン」の「マスク」もこの意味。ちなみに、マッコウクジラから取れる香りは「アンバーグリス（龍涎香）」。

26 コーデュロイ

解説 ▶

普通の横糸の他に「パイル横糸」と呼ばれる横糸を追加で編み込み、それをカットすることで畝の形を出す。日本では寺田秀次郎が「コール天」用の織機を開発し、現在は静岡県磐田市の福田地区でその9割以上が生産されている。

27 アノラック

解説 ▶

「アノラック」はイヌイット語由来の言葉。同様のものをドイツ語では「ヤッケ」「ウィンドヤッケ」と呼び、ファッション用語では「パルカ」などとも呼ばれる。イヌイットの冬の住居は「イグルー」で、夏の住居は「ツピク」。

28 コンポジット（・カード）

解説 ▶

「コンポジ」と略される。また、売り込みなどに用いる写真集のことを「ブック」「ポートフォリオ」などと呼ぶ。「ポートフォリオ」には「紙挟み」という意味があり、一般に投資における資産構成を指す言葉として使用される。

29 白山（はくさん）眼鏡店

解説 ▶

東京・上野の本店のほか、全5店舗が展開している。人形町にあった白山（しらやま）眼鏡店の暖簾分けで、1975年からオリジナル・フレームの製作を開始した。ジョンが最後にかけていたのは「メイフェア」と呼ばれるモデル。

Q. 30　難易度 ★★★★☆　　1 2 3

「ツリー・ヒース」「ホワイト・ヒース」とも呼ばれる、地中海沿岸を原産とするツツジ科の低木で、今日では最もポピュラーな喫煙用パイプの材料として知られるのは何？

Q. 31　難易度 ★★★★☆　　1 2 3

「YSL」の略称で知られる自らの名を冠したブランドを設立した、40年以上にわたって服飾界をリードし「モードの帝王」と呼ばれたフランスのデザイナーは誰？

Q. 32　難易度 ★★★★★　　1 2 3

夫はNFL選手のトム・ブレイディ。フォーブス誌が発表するスーパーモデル長者番付において、2004年以降1位に君臨しているブラジル出身のファッションモデルは誰？

Q. 33　難易度 ★★★★★　　1 2 3

以前はペリー・エリス社のチーフデザイナーとして活躍しており、1997年から現在までルイ・ヴィトンのアーティスティック・ディレクターを務めているデザイナーは誰？

Q. 34　難易度 ★★★★★　　1 2 3

1953年に妻ロジータとともに自らの名を冠したブランドを設立し、「ニットの魔術師」と呼ばれたイタリアのデザイナーは誰？

Answer

30 ブライヤー

解説▶
根の部分が難燃性で樹液も出にくいことから、パイプの材料に適している。他の一般的なパイプ材料としては、メシャム（海泡石）・コーンコブ（トウモロコシの芯）・キャラバッシュ（ヒョウタン）などがある。

31 イブ・サンローラン

解説▶
1962年に21才でクリスチャン・ディオールのトップデザイナーに就任しデビュー。有色人種モデルの起用や、プレタポルテ（高級既製服）というジャンルの開拓など、数多くの革新的なアイデアを生み出し続けた。

32 ジゼル・ブンチェン

解説▶
ビーチサンダルブランド「イパネマ」のプロデュースを行っている。2011年には夫とあわせ「カップル所得番付」の1位に輝いた。過去にはレオナルド・ディカプリオとの交際が報じられたことでも有名。

33 （マーク・）ジェイコブズ

解説▶
同性愛者であり、2009年の婚約・翌年の破局も話題となった。1987年には新人デザイナー賞のペリー・エリス賞を史上最年少で受賞。ルイ・ヴィトンは1854年にパリで旅行カバンの専門店として設立されたのを起源とする。

34 （オッタビオ・）ミッソーニ

解説▶
陸上の選手としても1948年のロンドン五輪に出場しており、その際にはイタリア選手団のユニフォームをデザインした。幾何学模様と色彩にこだわったニットは人気を博し、ニットウェアを上流階級にまで広げた。

第13章

Q. 01　難易度 ★☆☆☆☆　1 2 3

フランス語で「稲妻」という意味がある、細長いシューク
リームにチョコレートをかけた洋菓子は何？

Q. 02　難易度 ★☆☆☆☆　1 2 3

パスタを調理するとき、わずかに歯ごたえを残す茹で加減
のことをイタリア語で何という？

Q. 03　難易度 ★☆☆☆☆　1 2 3

ミノ、ハチノス、センマイ、ギアラといえば、すべて牛の
どの臓器の通称？

Q. 04　難易度 ★★☆☆☆　1 2 3

セロリ、パセリ、クレソン、アスパラガスの和名に共通し
て登場する、ヨーロッパの国はどこ？

Answer

01 エクレア

解説 ▶

「焼き上げると表面に稲妻のような裂け目ができるため」「チョコレートの光沢が稲妻のように見えるため」など由来は多数ある。ちなみに「シュークリーム」の「シュー」はフランス語で「キャベツ」という意味。

02 アルデンテ

解説 ▶

逆に茹で過ぎたものはスコッタータ。パスタの種類にはペンネ(ペン先の意)、リングイネ(舌の意)、コンキリエ(貝殻の意)、ルオーテ(車輪の意)、カッペリーニ(髪の毛の意)、ファルファッレ(蝶々の意)などがある。

03 胃袋

解説 ▶

牛は一度飲み込んだ食物を胃で部分的に消化した後、口に戻して再度咀嚼をする反芻(はんすう)という行動を取るため、胃が4つに分かれている。これらは食用にされる際の呼び方であり、同様に豚の胃のことはガツという。

04 オランダ

解説 ▶

セロリは「オランダミツバ」、パセリは「オランダゼリ」、クレソンは「オランダガラシ」、アスパラガスは「オランダキジカクシ」という和名。江戸時代、オランダを経由して日本に持ち込まれたことがその名の由来。

Q. 05 難易度 ★★☆☆☆　　　　① ② ③

ビールとトマトジュースを同じ量ずつ混ぜて作られるカクテルの一種は何？

Q. 06 難易度 ★★☆☆☆　　　　① ② ③

厚生労働省が定めるアイスの分類で、乳固形分が3%以上10%未満のものを何という？

Q. 07 難易度 ★★☆☆☆　　　　① ② ③

マッシュポテトやアイスクリームの盛り付けに使われる、半球の形をした金具に取っ手がついた道具のことを何という？

Q. 08 難易度 ★★☆☆☆　　　　① ② ③

「テーブルクロス」を意味する名が付いた、大皿に盛った料理を円卓に座って食するスタイルが特徴的な、長崎県の名物料理は何？

Q. 09 難易度 ★★☆☆☆　　　　① ② ③

スペイン料理の「ガスパチョ」と南米の飲み物「マテ茶」に共通する、ある料理に例えた別名といえば何？

Answer

05 レッド・アイ

解説▶

もともとは生卵を割って入れるカクテルであり、沈んだ卵黄が赤い目をしているように見えるのが語源とされる。他のビールベースのカクテルには、ビールとジンジャーエールを同じ量混ぜて作られるシャンディ・ガフなどがある。

06 ラクトアイス

解説▶

アイスは厚生労働省の基準によると、アイスクリーム（乳固形分15％以上かつ乳脂肪分８％以上）、アイスミルク（乳固形分10％かつ乳脂肪分３％以上）、ラクトアイス、そして上記に該当しない氷菓の４種類に分類される。

07 ディッシャー

解説▶

食卓で使うナイフ・フォーク・スプーンなどを総称して「カトラリー」という。パン屋などで見かける食べ物をつかむための道具は「トング」。野菜や果物の皮むきに使われる道具は「ピーラー」。

08 卓袱（しっぽく）料理

解説▶

テーブルクロスの意味から転じてテーブル自体、それを使った料理を指すに至った。江戸期に他国へ向けて開かれた数少ない玄関口の１つである長崎で、中国・西洋・日本料理の混交した独特の料理型式として誕生した。

09 飲むサラダ

解説▶

ガスパチョは、トマト・きゅうりなどの野菜を使った冷製スープ。マテ茶は「パラグアイ茶」とも呼ばれる南米のお茶。前者は多くの野菜を使うことから、後者は野菜に代わる栄養成分が含まれることから「飲むサラダ」という。

Q. 10　難易度 ★★☆☆☆　　1 2 3

故事成語に登場する人物に由来した名が付いた竹の一種で、日本で食用に供されるタケノコのうち最も一般的であるのは何？

Q. 11　難易度 ★★★☆☆　　1 2 3

甘く柔らかい食感から「森のアイスクリーム」とも呼ばれる、バンレイシ科の果物は何？

Q. 12　難易度 ★★★☆☆　　1 2 3

「ごちゃ混ぜ」という意味がある、温野菜や厚揚げにピーナッツソースをかけたインドネシアの料理は何？

Q. 13　難易度 ★★★☆☆　　1 2 3

主に小型の個体から作られる、三枚に下ろしたカツオの半身を材料とした鰹節を、ある動物の名を冠して何という？

Q. 14　難易度 ★★★☆☆　　1 2 3

カビの一種「ボトリティス・シネレア」の働きによって糖分が凝縮されたブドウを原材料とする、最高級の甘口白ワインを何という？

Answer

10 モウソウチク

解説▶

漢字では「孟宗竹」。孟宗は中国・呉の役人で、病気の母親の願いを叶えるため、雪の中を天に祈りながら探していたところ、雪が溶けて辺り一面からタケノコが生えてきたという。この孝行ぶりから「二十四孝」に数えられる。

11 チェリモヤ

解説▶

南米原産の果物で、別名はカスタード・アップル。同じように「森のバター」と称される食材・アボカドはワニの背中の皮に似ているため「ワニナシ」とも呼ばれる。これは英語の「アリゲーター・ペア」をそのまま直訳したもの。

12 ガドガド

解説▶

チャーハンのような「ナシゴレン」、焼きそばのような「ミーゴレン」など、日本に馴染みのあるインドネシア料理も多い。また日本の納豆に似ている発酵食品「テンペ」のように類似した料理もある。

13 亀節

解説▶

完成時の平べったい形状が亀の甲羅を想像させることに由来する。大型のカツオを使う場合は、半身をさらに背側と腹側に分けて鰹節にされ、前者を「雄節」、後者を「雌節」と呼ぶ。

14 貴腐ワイン

解説▶

カビの働きで水分が蒸発してしぼんだブドウを貴腐ブドウと呼び、それを用いたワインを貴腐ワインという。フランスのソーテルヌ、ドイツのトロッケンベーレンアウスレーゼ、ハンガリーのトカイが世界3大貴腐ワインとして有名。

Q. 15　難易度 ★★★☆☆　　1 2 3

鳥取県の県の花に指定されている、1898年、農学士の渡瀬寅次郎が命名した梨の品種は何?

Q. 16　難易度 ★★★☆☆　　1 2 3

世界三大ブルーチーズと呼ばれる3種類のチーズといえば、イタリアのゴルゴンゾーラ、フランスのロックフォールと、イギリスの何というチーズ?

Q. 17　難易度 ★★★☆☆　　1 2 3

5円玉の形をしていることから「5円チョコ」と呼ばれることが多い、チロルチョコ株式会社が発売するチョコレート菓子の商品名は何?

Q. 18　難易度 ★★★☆☆　　1 2 3

世界三大紅茶の生産地で、ダージリンはインド、ウバはスリランカですが、キーマンはどこの国?

Q. 19　難易度 ★★★☆☆　　1 2 3

一般には「酸性パーチ」という半透明の紙を入れることで発生を防いでいる、カニやエビの缶詰の中にガラスのような結晶が生じてしまう現象を何という?

Answer

15 二十世紀梨

解説 ▶

1888年、現在の千葉県松戸市で、松戸覚之助という人物がゴミ捨て場から苗を発見し、後に渡瀬寅次郎が「20世紀を代表する品種になる」として命名した。現在、松戸市には二十世紀が丘梨元町という地名が残っている。

16 スティルトン

解説 ▶

加熱処理したプロセスチーズとそうでないナチュラルチーズがあり、ブルーチーズは後者。ちなみにイタリア・エミリア＝ロマーニャ州の銀行では、チーズの「パルミジャーノ・レッジャーノ」を担保にお金を借りることができる。

17 ごえんがあるよ

解説 ▶

2012年現在、「ごえんがあるよ」は8個のセット売りで50円となっており、1個当たりの単価は5円ではないものの、安価になっている。「チロルチョコ」は正方形の形をした様々な味と風味のチョコレートを販売していることでおなじみ。

18 中国

解説 ▶

安徽（あんき）省の同名の県で生産されており、漢字では「祁門」と表記する。ほのかにスモーキーな香りがするのが特徴。香りの特徴としては、ダージリンの高級品が発する「マスカット・フレーバー（ぶどうに似た香り）」が特に有名。

19 ストラバイト現象

解説 ▶

カニの成分と缶詰の鉄やスズなどが化学変化を起こすことで生じる。世界初の缶詰は1804年、フランスの料理人ニコラ・アペールが発明し、日本では1871年、長崎の松田雅典が作ったイワシの油漬け缶詰が始まり。

Q.20　難易度 ★★★☆☆　　　1 2 3

フランス料理の食材で、エスカルゴといえばカタツムリのことですが、エクルビスといえばどんな生き物のこと？

Q.21　難易度 ★★★☆☆　　　1 2 3

コールスロー・サラダの主役となる野菜はキャベツですが、ハネムーン・サラダの主役となる野菜は何？

Q.22　難易度 ★★★☆☆　　　1 2 3

その名はローマ近郊で開発されたことに由来する花野菜の1品種で、大小様々な円錐状の突起で覆われた外見が特徴的なのは何？

Q.23　難易度 ★★★☆☆　　　1 2 3

徳島県や香川県で作られるものが有名な高級砂糖で、製糖する際の工程にその名を由来するのは何？

Q.24　難易度 ★★★☆☆　　　1 2 3

別名を「聚楽ごぼう」という、丸太のような太さが特徴的な京野菜のごぼうは何？

Answer

20 ザリガニ

解説 ▶

その他の食材の名前には、ラパン（うさぎ）、グルヌイユ（カエル）などがある。野生の鳥や獣は「ジビエ」といい、フランス料理の食材となる。ちなみに肉料理はアントレ、魚料理はポアソンと呼び、カエルは後者に含まれる。

21 レタス

解説 ▶

レタスだけのサラダを指す。その名の由来は、"Let us only（二人だけにして）"が"Lettuce only（レタスのみ）"と音が似ていることから、新婚夫婦の気持ちになぞらえたといわれる。

22 ロマネスコ

解説 ▶

ブロッコリーとカリフラワーを交配した品種で、16世紀には開発されている。同じ形状が大きさを変化させながら繰り返し現れる「フラクタル」の典型例。サンゴにも喩えられ、「サンゴ礁カリフラワー」などの別名もある。

23 和三盆

解説 ▶

糖蜜を煮詰めた白下糖（しろしたとう）を原料に、少量の水を加えて揉む「研ぎ」と、「押し船」と呼ばれる箱に詰めて圧搾する工程を繰り返して製糖する。かつては研ぎを盆の上で3回行ったことからこの名が付いた。

24 堀川ごぼう

解説 ▶

豊臣家滅亡後、聚楽第のお堀の跡地から発見されたため「堀川ごぼう」と呼ばれる。その他の京野菜には、丸形の「賀茂なす」、えびのような縞模様がある「えび芋」、左京区のお寺の名が付いた「聖護院だいこん」などがある。

Q. 25　難易度 ★★★★☆　　　1 2 3

干し椎茸を、傘を基準として2種類に大別すると、傘が開ききっておらず肉厚の「冬菇（どんこ）」と、傘が開いて肉薄の何？

Q. 26　難易度 ★★★★☆　　　1 2 3

スウェーデン語で「パンとバターのテーブル」という意味がある、食卓に多くの料理を並べ、各自で取って食べる北欧の料理で、日本のバイキング料理の原型となったものは何？

Q. 27　難易度 ★★★★☆　　　1 2 3

フランス語の「小さな窯」という意味の言葉を語源とする、タルトやシュークリームなどを一口大に切った小さなお菓子のことを何という？

Q. 28　難易度 ★★★★☆　　　1 2 3

著書に現代フランス料理のバイブルとされる『ル・ギード・キュリネール』がある、デザートの「ピーチ・メルバ」を考案したフランスの料理人は誰？

Q. 29　難易度 ★★★★☆　　　1 2 3

アンデス山脈付近の高地で昼夜の寒暖差を利用して作られる、ジャガイモを乾燥させた保存食は何？

Answer

25 香信

解説▶

干し椎茸の旨味成分は「グアニル酸」、香り成分は「レンチオニン」で、どちらも乾燥させることで含有量が増えている。グアニル酸は、昆布の「グルタミン酸」、鰹節の「イノシン酸」と並び出汁の成分として有名。

26 スモーガスボード

解説▶

バイキング料理は1958年に東京の帝国ホテルで始まり、船上で食べ放題のシーンがあった当時公開のアメリカ映画『バイキング』から名付けられた。同様の形式をビュッフェ（フランス語で「食器戸棚」の意）ともいう。

27 プチフール

解説▶

多くのプチフールの詰め合わせが贈答品として用いられたり、フレンチレストランの最後のデザートとして出されたりする。外国語を語源とするお菓子にはドイツ語で「木のお菓子」という意味の「バウムクーヘン」などがある。

28 （オーギュスト・）エスコフィエ

解説▶

ビジネスパートナーであったセザール・リッツの経営するホテルで料理長を務め、フランス料理の体系化・料理人の地位向上などに取り組んだ。ピーチ・メルバは当時の人気オペラ歌手ネリー・メルバに捧げられたデザート。

29 チューニョ

解説▶

乾季にジャガイモを外に出すと、昼と夜の間に冷凍と解凍が繰り返され、ジャガイモが水分でぶよぶよになる。足で踏んで水分を追い出し、しばらく乾燥させれば完成。山梨県鳴沢村にも凍（し）み芋というこれに似た料理がある。

Q.30　難易度 ★★★★☆　① ② ③

ジャガイモの料理にその名が使われる、ジャガイモの食用が一般的でなかった18世紀フランスで、これを広めた農学者は誰?

Q.31　難易度 ★★★★☆　① ② ③

さっと茹でたワケギに酢味噌を付けて食べる熊本県の郷土料理を、ネギを意味する女房言葉から何という?

Q.32　難易度 ★★★★★　① ② ③

現地の言葉で「腐ったチーズ」という意味の名前が付けられた、発酵のために生きたウジがその中に入っていることで知られるイタリア・サルディーニャ地方のチーズは何?

Q.33　難易度 ★★★★★　① ② ③

イメージキャラクター・ビバンダムの顔がシンボルマークとなっている『ミシュランガイド』において、リーズナブルな料金で楽しめるレストランを示す指標を何という?

Q.34　難易度 ★★★★★　① ② ③

「一頭立ての馬車」という意味がある、ホイップクリームをたっぷりとのせたオーストリアのコーヒーは何?

Answer

30　（アントワーヌ・オーギュスト・）パルマンティエ

解説▶

7年戦争で捕虜となった際、ジャガイモを食べて生き残った経験から、大凶作への対策としてジャガイモを食用とすることを提案した。その後もジャガイモの普及に務め、「フランス版青木昆陽」とでもいうべき業績を残した。

31　一文字（ひともじ）のぐるぐる

解説▶

その名の通り、ぐるぐる巻きにしたワケギ（葱）に酢味噌を付けた料理。女房言葉とは宮中に仕える女性が使用した言葉で、なかでもネギを意味する「ひともじ」、ニラを意味する「ふたもじ」などは「文字言葉」と呼ばれる。

32　カース・マルツゥ

解説▶

その他の珍しい食品といえば、世界一臭い料理といわれるスウェーデンのニシンの缶詰「シュールストレミング」や、アザラシの腹にウミツバメを詰めて発酵させるイヌイットの料理「キビヤック」など。

33　ビブグルマン

解説▶

ビバンダムは「ミシュランマン」という別名でも知られる。2012年に発行された北海道編では3500円以下の予算で楽しめる店を対象にして付けられており、類似のマークには昼食を安く取れるコインのマークがある。

34　アインシュペナー

解説▶

日本の「ウィンナーコーヒー」にあたるオーストリアの名物。コーヒーはコーヒーノキの種子（コーヒー豆）を原料とし、その世界三大品種はアラビカ種、ロブスタ種、リベリカ種。なかでもアラビカ種は全生産量の9割を占める。

最終章

　最終章は「超難問」。思わずクイズ王も音をあげるような問題が勢ぞろい。専門家でも答えられない!? 1問でもわかったなら、友達に自慢できる!?

　ジャンルはランダム、難易度は★4以上! ここから先、あなたはいったい何問わかるかな?

Q. 01 難易度 ★★★★☆ ①②③

1957年、塩屋賢一の指導のもとで国産初の盲導犬となった、ジャーマン・シェパードの名前は何?

Q. 02 難易度 ★★★★☆ ①②③

副題を『Anglo Japanese Conversation Manual』という、1945年に発行され、戦後初のベストセラーとなった小川菊松の著書は何?

Q. 03 難易度 ★★★★☆ ①②③

推理作家のコナン・ドイルが名探偵シャーロック・ホームズを小説に登場させる前に名付けていた仮の名前は何だった?

191

Q. 04　難易度 ★★★★☆　　①②③

ジョッキに水滴が付くほど冷えたビールや、ジュージュー
と音を立てる焼肉などのように、人間の五感を刺激する広
告のことを何広告という？

Q. 05　難易度 ★★★★☆　　①②③

その種子が、正月遊びの「羽根つき」で使う羽根の「玉」
の部分の材料となる植物は何？

Q. 06　難易度 ★★★★☆　　①②③

「星が降り注いだ聖ヤコブの町」という意味がある、ロー
マ、エルサレムと並んでキリスト教の巡礼地として知られ
る、スペイン・ガリシア自治州の州都はどこ？

Q. 07　難易度 ★★★★☆　　①②③

代表作に『バイナル・カスライン』や『渡り鳥と秋』など
がある、1988年にアラブ系の作家として初めてノーベル
文学賞を受賞したエジプトの作家は誰？

Q. 08　難易度 ★★★★☆　　①②③

1963年の卒業答辞で披露した「小さな親切」でも有名な
第17代東京大学総長で、日本に大学制度が定着して以降、
唯一東大出身者でない総長であるのは誰？

Q. 09 　難易度 ★★★★☆ 　　　1 2 3

1945年、この会社に勤める技術者パーシー・スペンサーの発見により電子レンジを開発した、ミサイルの生産世界1位を誇るアメリカの軍需企業は何?

Q. 10 　難易度 ★★★★☆ 　　　1 2 3

「アジアのノーベル賞」とも呼ばれるマグサイサイ賞を日本人として初めて受賞した人物は誰?

Q. 11 　難易度 ★★★★☆ 　　　1 2 3

東京タワー・名古屋テレビ塔・2代目通天閣など、日本にある多くのタワー建築で設計を担当した建築家は誰?

Q. 12 　難易度 ★★★★☆ 　　　1 2 3

フランスの「レジオンドヌール勲章」の階級のうち、最も位が高いものはグランクロワですが、最も低いものは何?

Q. 13 　難易度 ★★★★☆ 　　　1 2 3

1997年にIBMのスーパーコンピューター「ディープ・ブルー」とのチェスの対局で敗北した、当時の世界チャンピオンだったロシアのチェス選手は誰?

Q. 14 　難易度 ★★★★☆ 　　□ 2 3

JR東日本で導入されているIC乗車券「Suica」は、何という言葉を略したもの?

Q. 15 　難易度 ★★★★☆ 　　□ 2 3

皮脂の脂肪酸が酸化することで発生する、加齢臭の原因とされる成分は何?

Q. 16 　難易度 ★★★★☆ 　　□ 2 3

ブラジル先住民族を調査した経験を綴った散文『悲しき熱帯』などの著書で知られる、現代思想の一潮流・構造主義を代表するフランスの文化人類学者は誰?

Q. 17 　難易度 ★★★★☆ 　　□ 2 3

1907年、吉田真太郎と内山駒之助によって作られた、国産初のガソリン自動車は何号?

Q. 18 　難易度 ★★★★☆ 　　□ 2 3

道路に設置されているガードレールの端の部分のことを、洋服の一部にたとえて何という?

Q. 19　難易度 ★★★★☆　　　① ② ③

千円札の裏側に描かれている富士山のモデルとなった写真『湖畔の春』を撮影した写真家は誰？

Q. 20　難易度 ★★★★☆　　　① ② ③

江戸末期の函館諸術調所や明治初期の陸軍士官学校で教育活動に尽力した技術者で、函館にある日本初の洋式城郭「五稜郭」を設計したのは誰？

Q. 21　難易度 ★★★★☆　　　① ② ③

オマーンの中央部に位置する、野生種が絶滅したある動物のための自然保護区で、2007年に史上初めて世界遺産登録を抹消されてしまったのはどこ？

Q. 22　難易度 ★★★★☆　　　① ② ③

「賭けない・飲まない・吸わない」を標榜し、健全な麻雀の普及に尽力する「日本健康麻将協会」を設立した、プロ雀士は誰？

Q. 23　難易度 ★★★★☆　　　① ② ③

同じ長さの線分でも、両端の矢印の向きを変えることで異なる長さの線分に見えるという錯視図形のことを、ドイツの心理学者の名をとって何という？

Q. 24 難易度 ★★★★☆ 1 2 3

ポリネシア人の起源は南米大陸にあるという自説を実証すべく、筏(いかだ)のコンチキ号に乗り、ペルーから南太平洋のツアモツ島までの航海実験を行ったノルウェーの人類学者は誰？

Q. 25 難易度 ★★★★☆ 1 2 3

飢えに苦しむスーダンの子どもをハゲワシが狙っているという衝撃的な写真を撮影し、1994年にピューリッツァー賞を受賞した南アフリカの写真家は誰？

Q. 26 難易度 ★★★★☆ 1 2 3

アフガニスタンやイラクで拘束した、テロリストと目される人々を収監する収容所としての機能も持つ、社会主義国・キューバの南部に位置するアメリカ軍基地は何？

Q. 27 難易度 ★★★★☆ 1 2 3

渡辺淳一の小説『花埋み』の題材となった人物で、1885年に医師開業試験に合格し、近代医制のもとで日本初の女性医師となったのは誰？

Q. 28 難易度 ★★★★☆ 1 2 3

家出した銀行家の娘エリーと失業中の新聞記者ピーターの恋愛を描いた、アカデミー賞主要5部門を初めて独占したフランク・キャプラ監督の映画は何？

Q. 29　難易度 ★★★★☆　1 2 3

昔話「浦島太郎」とストーリーが似ていることから「西洋版浦島太郎」とも呼ばれる、アメリカの作家ワシントン・アーヴィングの小説は何？

Q. 30　難易度 ★★★★☆　1 2 3

トスカニーニ、ワルターと並んで三大巨匠とも称される指揮者で、1954年までベルリンフィルハーモニー管弦楽団の常任指揮者を務めたのは誰？

Q. 31　難易度 ★★★★☆　1 2 3

映画『ゴーストバスターズ』『荒野の七人』『大脱走』などで音楽を担当した、アメリカの作曲家は誰？

Q. 32　難易度 ★★★★☆　1 2 3

第二次世界大戦下のブダペストで、ホロコーストの危機にさらされていた多くのユダヤ人に保護証書を発行し、彼らの救命に尽力したスウェーデンの外交官は誰？

Q. 33　難易度 ★★★★☆　1 2 3

通常のサドルの代わりに背もたれ付きのシートに座り、仰向けのやや低い体勢で前方のペダルを漕ぐタイプの自転車を、「もたれかかる」という意味の英語から何という？

Q. 34 難易度 ★★★★☆ 1 2 3

小麦の高収量品種をはじめ画期的な農業技術を多く開発し、「緑の革命」の立役者となったアメリカの農学者は誰？

Q. 35 難易度 ★★★★☆ 1 2 3

1917年5月13日、ルシア、フランシスコ、ジャシンタの3人の子供の前に聖母マリアが出現した奇跡のことを、舞台となったポルトガルの村から何という？

Q. 36 難易度 ★★★★★ 1 2 3

1960年に高度31,333mまで気球で上昇し、成層圏からのスカイダイビングを行ったアメリカの軍人は誰？

Q. 37 難易度 ★★★★★ 1 2 3

イギリスの死刑制度廃止のきっかけとなった、被告人が妻子の殺害容疑で死刑を執行された後に冤罪であることが発覚した事件を、被告人の名前から何事件という？

Q. 38 難易度 ★★★★★ 1 2 3

仕事の合間に石を拾い集めては私財を投じて作業に勤しみ、33年間かけてたった一人で「理想宮」と呼ばれる建物を建築した、フランスの郵便配達夫は誰？

Q. 39　難易度 ★★★★★　　１２３

寡占企業の利潤最大化問題を扱ったゲーム理論で、企業が生産量を戦略とするものを「クールノー・ゲーム」といいますが、企業が価格を戦略とするものを何という?

Q. 40　難易度 ★★★★★　　１２３

日露戦争中の旅順港で、部下の杉野孫七の捜索中に戦死したことをテーマにした文部省唱歌も存在する、軍神の一人として知られる日本の軍人は誰?

Q. 41　難易度 ★★★★★　　１２３

オランダ語の「浅瀬」と「歩く」という意味の言葉の合成語である、潮が引いた海を何時間も歩きまわるオランダの伝統的スポーツを何という?

Q. 42　難易度 ★★★★★　　１２３

犬神佐兵衛と愛人の間の子供という設定である、横溝正史の小説『犬神家の一族』の登場人物で、同作品で最も有名な「湖に突き立った死体」は彼であるのは誰?

Q. 43　難易度 ★★★★★　　１２３

1984年から1993年まで雑誌『噂の真相』に連載された作家・筒井康隆のエッセイで、その最終回で有名な「断筆宣言」が発表されたのは何?

Q. 44　難易度 ★★★★★　　1 2 3

映画『エイリアン』公開時に起きた盗作騒動でも知られる、宇宙船に乗り込んだ人類と宇宙生命体との死闘を描いた、SF作家A.E.ヴァン・ヴォークトの代表作は何?

Q. 45　難易度 ★★★★★　　1 2 3

バスティーユ襲撃事件の際にはここの武器庫が襲われた、ルイ14世により建てられ、現在はナポレオンの遺骸が安置されていることで有名なパリの廃兵院はどこ?

Q. 46　難易度 ★★★★★　　1 2 3

オリンピックのフィギュアスケート男子シングルスで1920年から3連覇を果たし、夏冬両方のオリンピックで金メダリストとなった初めての人物は誰?

Q. 47　難易度 ★★★★★　　1 2 3

仕事で訪れた内モンゴルで出会った酸乳をもとに乳酸菌商品の研究を重ね、1919年に日本初の乳酸菌飲料「カルピス」を開発した、カルピス社の創業者は誰?

Q. 48　難易度 ★★★★★　　1 2 3

1894年のこの日に近代オリンピック開催と国際オリンピック委員会設立が決定されたことから、国際オリンピック委員会が「オリンピックデー」と定めているのは何月何日?

Q. 49　難易度 ★★★★★　1 2 3

もともとはオイルシェールの採掘場であり、極めて保存状態の良い化石が発見される、ドイツが単独で保有するものとしては唯一の世界自然遺産はどこ?

Q. 50　難易度 ★★★★★　1 2 3

戦前は日本の委任統治領であり太平洋戦争の舞台となった、現在はマーシャル諸島に所属する太平洋中部にある環礁で、1952年に史上初の水爆実験が行われたのはどこ?

Q. 51　難易度 ★★★★★　1 2 3

北海道の二風谷(にぶたに)に資料館を設立するなど、先住民族アイヌの文化の継承・振興に多大な功績を残した人物で、1994年にはアイヌ初の国会議員となったのは誰?

Q. 52　難易度 ★★★★★　1 2 3

1972年のUEFA欧州選手権と1974年のFIFAワールドカップで西ドイツ代表を率いて優勝し、監督として初めてこの2つの大会の両方を制したサッカー指導者は誰?

Q. 53　難易度 ★★★★★　1 2 3

江戸時代の将棋棋士・伊藤看寿が『将棋図巧』で発表したのが初出である、攻方の王以外のすべての駒を配置し、詰め上がりでは玉を含め3枚の駒しか残さない詰将棋を何という?

Q. 54　難易度 ★★★★★　　1 2 3

『トロリー・トラブルズ』などの作品に登場する、ウォルト・ディズニーが生んだウサギのキャラクターで、「ミッキーマウス」の前身とされるのは何?

Q. 55　難易度 ★★★★★　　1 2 3

1994年には日本で初めてカバの人工哺育に成功した長崎県西海市の動物園で、カピバラの飼育数日本一を誇り「カピバラの聖地」と呼ばれるのはどこ?

Q. 56　難易度 ★★★★★　　1 2 3

1888年に渡米し、カリフォルニアに開拓した広大なジャガイモ畑で巨万の富を築いた日本人実業家で、「ポテト・キング」の異名をとったのは誰?

Q. 57　難易度 ★★★★★　　1 2 3

「競艇の生みの親」と呼ばれ、毎年5月最終週に行われるレース「笹川賞」に名を残す日本の実業家は誰?

Q. 58　難易度 ★★★★★　　1 2 3

英米で発禁処分を受けていたジョイスの『ユリシーズ』の出版元を引き受けた、1919年にシルヴィア・ビーチが創業したパリの書店は何?

Answer

01 チャンピイ

解説▶

盲導犬は目の見えない人のために障害物を避けたり、段差を教えたりする役目があり、2012年現在、日本全国で1000頭以上の盲導犬が活躍している。ちなみに盲導犬の胴体に付けられている白い輪はハーネスという。

02 『日米会話手帳』

解説▶

1945年9月15日に発行され、わずか3カ月の間に360万部を売り上げた。内容は36ページで簡単な英会話を記載したもの。翌年にはNHKラジオで、平川唯一の英会話番組『カム・カム・エブリボディ』がスタートした。

03 シェリンフォード

解説▶

ホームズが初登場した作品は『緋色の研究』。鹿打ち帽とインバネスコートという姿に、キセルを持ったイメージでもおなじみ。ホームズは女性嫌いとして有名だが、彼を翻弄した唯一の女性はアイリーン・アドラー。

ワンポイントコラム

　今回、超難問を用意するにあたって、ある考えがありました。それは「問題を聞いて面白いかどうか」を作成基準としたことです。例えば「ポテト・キングの異名を取った日本人実業家」のように、存在は知らなくても「こんな面白いエピソードを持つ人物がいるのか！」と思わずいってしまいたくなる問題です。この章の超難問は、ただ難しいというわけではなく、問題作成者の伝えたい「面白いエピソード」を根幹に成り立っているのです。このことを頭の片隅において、読み進めてもらえれば、2倍楽しめるのではないでしょうか？　逆にいえば、日頃から「気になる」知識を集められるようアンテナを張っておくことが、超難問を攻略する糸口になるのかもしれません。

Answer

04 シズル広告

解説 ▶

その他の広告には、情報を一部公開し、顧客の関心をあおる「ティーザー広告」、不祥事を起こした企業が自己弁護や反論を掲載する「アドボカシー広告」、有名人に商品の効用を説明させる「テスティモニアル広告」などがある。

05 ムクロジ

解説 ▶

ムクロジ科の落葉高木。サポニンを含んで泡立つことから、明治時代までは石鹸にも使われた。すりこぎのサンショウ、将棋の駒のツゲ、将棋盤・碁盤のカヤのように、身の回りの品にも定番の材料がある。

06 サンティアゴ・デ・コンポステラ

解説 ▶

9世紀、キリストの十二使徒の一人で最初の殉教者とされる「聖ヤコブ」の墓が発見され、巡礼地として世界的に有名となった。1985年には世界文化遺産に登録。ホタテ貝を証として、現在でも多くの巡礼者が訪れている。

07 (ナギブ・)マフフーズ

解説 ▶

ちなみにノーベル文学賞のアジア人初の受賞者はラビンドラナート・タゴール、アフリカ人初はウォーレ・ショインカ、アメリカ人初はシンクレア・ルイス、南米初はガブリエラ・ミストラル。

08 茅誠司

解説 ▶

専門は強磁性体研究で、東北帝大で本多光太郎に指導を受けた。東大総長には「万歳」の発案者・外山正一、安田講堂の設計者・内田祥三(よしかず)、吉田茂に「曲学阿世の徒」と非難された南原繁など有名人が多い。

09 レイセオン

解説▶

スペンサーは第二次大戦中、マイクロ波によるレーダー装置の開発を行っていた。その中で、マイクロ波を照射したチョコレートが柔らかくなっていることを偶然発見し、食品を温める装置としての電子レンジ開発につながった。

10 三木行治

解説▶

フィリピンの元大統領ラモン・マグサイサイを記念して創設された賞で、アジア地域で社会貢献をした個人・団体に贈られる。岡山県知事であった三木行治は1964年、県政への貢献が認められ日本人初の同賞受賞者となった。

11 内藤多仲(たちゅう)

解説▶

当時は珍しい耐震構造を取り入れた日本興業銀行本社ビルが、関東大震災を乗り切り注目を浴びた。このことから「耐震構造の父」と称される。ちなみに初代通天閣(1943年に焼失)は設楽貞夫の設計。

12 シュヴァリエ

解説▶

1802年、ナポレオン1世が定めたフランスの最高勲章。軍事や文化に功績のある者を表彰するもので、日本人では山田耕筰や伊藤博文が受賞している。ちなみにイギリスの最高憲章は、エドワード3世が定めたガーター勲章。

13 (ガルリ・)カスパロフ

解説▶

この勝負は人工知能の発達を人々に印象付けた。IBMはアメリカの人気クイズ番組『Jeopardy!』で人間と対戦するプログラムも行っており、2011年に同社の「ワトソン」がクイズ王2人を破った。

Answer

14 Super Urban Intelligent Card

解説▶ "Urban"は「都会」の意味。「スイスイ行ける」という意味合いもあり、ソニーが開発したICカード技術「Fel-iCa」が使用されている。可愛らしいペンギンはイラストレーター・さかざきちはるがデザインしたもの。

15 ノネナール

解説▶ 1998年、資生堂の土師信一郎らが発見・命名。脂肪酸の一種・9‐ヘキサデセン酸が酸化・分解されることで発生し、特に40歳以上の男女では増加する傾向にある。ちなみにニンニクの臭いの成分は「アリシン」という。

16 （クロード・）レヴィ=ストロース

解説▶ レヴィ=ストロースは「構造」概念を広め、構造主義の祖とされている。構造主義に分類されることがある人物と活動領域には、精神分析のラカン、マルクス研究のアルチュセール、歴史・認識論のフーコーらが挙げられる。

17 タクリー号

解説▶ 大の車好きであったという有栖川宮威仁親王殿下の命により、1907年から2年間で10台が作られ、井上馨など政財界の大物が使用したという。舗装されていない道路を「ガタクリ」と音を立てて走ったことから名付けられた。

18 袖ビーム

解説▶ ガードレールの平らな板の部分を「ビーム」と呼び、その端の丸まった部分を「袖ビーム」という。普通、ガードレールは白色が一般的だが、山口県では特産のナツミカンと同じ黄色のものが設置されている。

19 岡田紅陽

解説▶

『湖畔の春』は富士五湖の1つ・本栖湖から撮影したもの。「富士五湖」は山中湖、河口湖、西湖、精進湖、本栖湖の5つ。ちなみに福井県の「三方五湖」は日向湖、久々子湖、菅湖、水月湖、三方湖の5つ。

20 武田斐三郎（あやさぶろう）

解説▶

五稜郭にある彼の顕彰碑は、「撫でると頭が良くなる」との噂から人々に撫でまわされたため、顔の部分だけが金色に輝いている。日本初のストーブの製作に携わったほか、ナポレオン砲の国産化にも成功した。

21 アラビアオリックス保護区

解説▶

密猟の取り締まりが不十分だったことや、政府が資源開発を目的に保護区の縮小を決定したことが原因。2009年にはドイツのドレスデン・エルベ渓谷が、橋の建設による景観破壊のため2例目の世界遺産取り消しとなった。

22 井出洋介

解説▶

東京大学文学部を卒業しており、自らの理論を「東大式」と自称する。卒業論文のタイトルは「麻雀の社会学」だった。また、「マージャン」にあてる漢字として、従来の「麻雀」に代えて「麻将」を採用すべきと主張している。

23 ミュラー・リヤー錯視

解説▶

「錯視」とは視覚における錯覚のこと。他の錯覚図形には、エビングハウス錯視（同じ大きさの図形でも、周囲に置いた図形の大きさにより異なって見える）、ヘリング錯視（2本の平行線が、斜線の影響で湾曲して見える）など。

24 （トール・）ヘイエルダール

解説▶

彼の南米起源説は現在の考古学ではあまり支持されていないが、実験航海という業績自体は高く評価されている。彼は後に、パピルスでできた船・ラー号に乗り、モロッコからカリブ海までの実験航海も行った。

25 （ケビン・）カーター

解説▶

ピューリッツァー賞はアメリカの文学・音楽も扱っているが、報道部門が特によく知られている。なお、日本人初の受賞者は、山口二矢（おとや）が日本社会党委員長の浅沼稲次郎を暗殺する瞬間を撮影した長尾靖である。

26 グアンタナモ基地

解説▶

米西戦争の結果得られた、キューバ独立に引き続いて設置された港湾基地が由来。キューバ革命当初はアメリカとの関係も悪くなく、基地は残存し続けたが、関係悪化以降は租借料の受け取りを拒否している。

27 荻野吟子

解説▶

淋病の治療で入院した際、男性医師に局部を見せる屈辱から女性医師を目指した。類似した活躍を残す女性としては、女子医科大学の前身を創設した医師・吉岡彌生（やよい）や、日本栄養学の基礎を築いた香川綾らが挙げられる。

28 『或る夜の出来事』

解説▶

エリーをクローデット・コルベール、ピーターをクラーク・ゲーブルが演じた。2人が出会うのはニューヨーク行の夜行バス。当時のアカデミー主要5部門とは、「作品賞」「監督賞」「主演男優賞」「主演女優賞」「脚色賞」。

29 『リップ・ヴァン・ウィンクル』

解説 ▶ 短編集『スケッチ・ブック』に収められた小説。主人公が山中で奇妙な集団と出会って、酒宴に興じているうちに寝込んでしまい、目覚めると20年後の世界になっていたという内容。森鴎外は『新世界の浦島』として翻訳した。

30 （ヴィルヘルム・）フルトヴェングラー

解説 ▶ フルトヴェングラーは20世紀を代表する指揮者の１人。1951年のバイロイト音楽祭（原則としてワーグナーのオペラが演奏される）で、彼が指揮したベートーヴェン交響曲第９番の演奏は名盤とされる。

31 エルマー・バーンスタイン

解説 ▶ 1967年には『モダン・ミリー』でアカデミー作曲賞も受賞。映画『ウエストサイド・ストーリー』の音楽を手がけたレナード・バーンスタインとは活動時期が重なることもあって混同しやすいが、全くの別人である。

32 （ラウル・）ワレンバーグ

解説 ▶ 1945年１月以降、行方不明となった。進駐してきたソ連軍に拉致されたと思われるが真相は不明のままで、現在でも彼の捜索は続けられている。第７代国連事務総長コフィ・アナンの妻は彼の親戚にあたる。

33 リカンベント

解説 ▶ 普通の自転車より車高が低いため空気抵抗が小さく、スピードを出しやすい。一方で登坂能力は低い。その他の変わった形の自転車に、うつ伏せの形で乗るプローンや、２人が１台に乗り前後に並んで漕ぐタンデムなどがある。

Answer

34 （ノーマン・）ボーローグ

解説 ▶

日本の「農林10号」という品種を親に用いて、背が低く
倒れにくい「奇跡の小麦」の開発に成功した。「緑の革
命」とは、人口増加に伴う食糧不足解消のため、農業技
術革新により穀物の大量増産を達成したことを指す言葉。

35 ファティマの聖母

解説 ▶

第一次大戦の終結や第二次大戦の勃発などを予言した。
この奇跡はカトリック教会の公認を得て、当地は現在著
名な巡礼地となっている。他の有名な奇跡には、メキシ
コのグアダルーペの聖母、フランスのルルドの聖母など
がある。

36 （ジョゼフ・）キッティンジャー

解説 ▶

キッティンジャーはプロジェクト・エクセルシオと呼ば
れる実験計画に参加しており、3回目の実験で成層圏か
らダイブを行った。ガガーリンが宇宙に行く以前では、
最も宇宙に近い場所へ行った人間といえる。

37 エヴァンス事件

解説 ▶

1949年にティモシー・エヴァンスが妻子の殺人容疑で逮
捕され、翌年彼の死刑が執行された。しかし1953年、裁
判でエヴァンスに不利な証言をしたクリスティが真犯人
と分かり、1969年、死刑制度は廃止された。

38 （フェルディナン・）シュヴァル

解説 ▶

当初は周囲から奇異の目で見られていたが、徐々に多く
の見物客が集まるようになり、現在、「理想宮」はフラン
ス政府により国の重要建造物に指定されている。ちなみ
に彼は自分の墓も同様にして建築している。

39 ベルトラン・ゲーム

解説▶

クールノーは19世紀フランスの経済学者で、一般に数理経済学の創始者として知られる。ベルトランも同じく19世紀フランスの経済学者。この頃のフランス人経済学者には、限界効用理論の創始者の一人・ワルラスなどがいる。

40 広瀬武夫

解説▶

広瀬武夫は橘周太とともに日露戦争の軍神として知られ、唱歌『広瀬中佐』が有名。その他に有名な戦死者としては、日清戦争で死んでも口からラッパを離さなかった逸話がある、突撃ラッパの吹き手・木口小平がいる。

41 ワドローペン

解説▶

潮が引いて泥状態になった海底を歩き続けるスポーツ。オランダやドイツ、デンマークにまたがる浅瀬の海「ワッデン海」で盛んとなっている。世界最大の干潟ともいわれるワッデン海は2009年に世界自然遺産に登録された。

42 青沼静馬

解説▶

太平洋戦争中に佐清と偶然戦場で出会い、背格好が似ていることや顔が火傷で大きく変形したことを利用し、犬神家を乗っ取ろうと佐清との入れ替わりを画策した。作中に登場するゴムマスクを被った「佐清」の大部分は彼が正体である。

43 『笑犬樓よりの眺望』

解説▶

1993年、高校国語教科書に採用が決まった小説『無人警察』の文中にてんかん患者への差別的表現があるとされ問題化。これに抗議した筒井は96年末まで断筆した。彼の代表作は『七瀬シリーズ』『時をかける少女』など。

Answer

44 『宇宙船ビーグル号（の冒険）』

解説 ▶

『エイリアン』公開時、その内容が『宇宙船ビーグル号』第3話「緋色の不協和音」と酷似しているとして、裁判にまで発展した。ヴァン・ヴォークトのその他の代表作には『非（ナル）Aの世界』『武器製造社』などがある。

45 アンヴァリッド

解説 ▶

正確には「オテル・デ・ザンヴァリッド」。金色のドームの中にナポレオンやフランス国歌の作者ルージェ・ド・リールなどの墓がある。設計者はリベアル・ブリュアン。後にアルドゥアン・マンサールがドームを増築した。

46 （ギリス・）グラフストローム

解説 ▶

1924年にフランスのシャモニーで第1回冬季オリンピックが開催される以前は、フィギュアスケート競技は夏季オリンピックで実施されており、移行期間をまたいで連覇した彼は夏冬両方で金メダリストとなった。

47 三島海雲

解説 ▶

1962年には学術研究への援助を行う「三島海雲記念財団」を設立している。カルピスのキャッチフレーズ「初恋の味」の考案者は三島の後輩・驪城（こまき）卓爾。関東大震災の際にカルピスを無償で配ったエピソードも有名。

48 6月23日

解説 ▶

1948年のIOC（国際オリンピック委員会）総会で決定された。オリンピック出場経験者と一般参加者がジョギングを行う「オリンピックデーラン」などのイベントが6月23日を中心に行われる。

49 メッセル・ピットの化石遺跡

解説▶
羽や毛の跡まで残っている化石は他からはほとんど発掘されず貴重だが、産業廃棄物処分場にされようとしていたため、市民の反対運動の結果自然保護区となった。オイルシェールとは、石油に近いオイルやガスが採れる岩石。

50 エニウェトク環礁

解説▶
1962年までアメリカが頻繁に核実験場として使用し、住民は強制的に立ち退かされた。現在でも環礁の北半分は放射能汚染のため立ち入りが禁じられ、爆発でできたクレーターも残る。有名なビキニ環礁は東隣にある。

51 萱野茂(かやの・しげる)

解説▶
国会では初のアイヌ語による質問を行った。自身の目的だったアイヌ文化振興法を成立させた後は参議院議員を1期限りで引退し、その際「人は足元が暗くなる前に故郷へ帰るものだ」という言葉を残した。

52 (ヘルムート・)シェーン

解説▶
ザールラントの監督として活躍した後、1954年のFIFAワールドカップで西ドイツ代表を優勝に導いたゼップ・ヘルベルガー監督のもとでコーチを務め、その後任として西ドイツ代表の監督に就任した。

53 煙詰(けむりづめ)

解説▶
盤上の駒が煙のように消え失せていくことから。『将棋図巧』には100題の詰将棋が収録されており、盤上に玉1枚だけの状態から開始する『裸玉』や、611手を要し長らく最長手数の詰将棋であった『寿』など名作も多い。

Answer

54 しあわせウサギのオズワルド

解説 ▶

1927年、初登場し人気を博したが、ユニバース・ピクチャーズと対立。版権を放棄することになり、代わりにミッキーが誕生した。そのデビュー作『蒸気船ウィリー』の公開日11月18日(1928年)はミッキーの誕生日。

55 長崎バイオパーク

解説 ▶

園内には約30頭ものカピバラが放し飼いされている。カピバラは南米に生息する世界最大のげっ歯類で、現地の言葉で「草原の主」という意味。和名は「オニテンジクネズミ」。トライワークスのキャラクターもおなじみ。

56 牛島謹爾(きんじ)

解説 ▶

アメリカでは「ジョージ・シマ」の名で知られる。広大な沼地で試行錯誤の末、良質なジャガイモの大量生産に成功し、市場を席巻した。他にジャガイモ関連で有名な人物には、「男爵イモ」の名の由来となった川田龍吉(りょうきち)がいる。

57 笹川良一

解説 ▶

かつて放映されていたCMでは「一日一善」を呼び掛けていた。戦前は国粋大衆党の総裁を務めるなどファシズムに傾倒した。戦後は「政財界のドン」としての顔を持つ一方、社会奉仕活動や寄付を精力的に行った。

58 シェイクスピア(・アンド・カンパニー)書店

解説 ▶

パリの文学の中心地として、ジョイスやヘミングウェイなど多くの作家が集った。現在でも2代目の店舗がセーヌ川左岸で営業しており、英米文学関連の図書館を併設しているほか、2階では若手作家に宿を提供している。

クイズ問題作成の5ステップ

　はじめまして。東京大学クイズ研究会の安達光と申します。コラムでは「問題の作り方」について、僭越ながら私が講義をさせていただきます。

　問題作成は大きく以下の5つのステップに分かれます。それぞれのステップについては当たり前のことをいっているように思えるかもしれませんが、一つ一つのステップを丁寧に踏んでいくことが質の高い問題を制作することに繋がります。

①ネタ探し

　クイズの問題を作るには、まず題材が必要です。作りたいジャンルの本や教科書・参考書を繰ったり、ネットサーフィンをするなどして、自由にネタを探しましょう。

　今回は例として「伊藤博文」を題材として考えてみます。

②周辺情報調査

　クイズの題材が決まったら、その人やものに関する情報を探しましょう。トリビアルなこと、意外なことだとなお良しです。今回「伊藤博文」で調べたところ、「初代・4代・7代・10代総理大臣」「初代兵庫県知事」「就任時の年齢44歳は最年少」などの情報が見つかりました。

　ただし、このときにあまりにマニアックすぎる情報

を使わないように気をつけましょう。情報として面白いものであれば良いですが、解答者が絶対に答えられないほどマニアックで無味乾燥な情報はクイズとしてあまり適切ではありません。

③問題成文化

　クイズの対象と周辺情報が集まったら、いよいよ問題を作ってみましょう。

　問題を作る上で一番重要なのは「答えが１つに定まる」ことです。いくら面白い情報があったとしても、答えが１つに定まらなければ問題不備になってしまいます。

　次に重要なのは「必要な情報をうまく盛り込む」ことです。今回の例でいえば、「日本の初代総理大臣は誰？」という問題は答えが１つに定まりますし、問題としてはOKです。ただ、この問題文から少し味気ないものを感じるかもしれません。そのときは問題に前フリ部分を加えて、

「日本において最年少で総理大臣になった人物でもある、日本の初代総理大臣は誰？」

　という問題にすることもできますし、少しひねって、

「第10代、第７代、第４代、初代の日本の総理大臣を務めた人物は誰？」

　という問題にすることもできます。

　あるいは、兵庫県知事一覧と総理大臣一覧を全て調べた上で、

「『兵庫県知事』と『日本の総理大臣』をともに務めたことがある唯一の人物といえば誰？」

という若干トリッキーな問題にすることもできます。
　知的好奇心を刺激することができるかという点を踏まえつつ、クイズとして成立する問題を作ってみましょう。

④ウラ取り

「ウラ取り」とは、作成した問題について、問題と答えが1対1の関係になっているか、問題文中の情報はすべて正しいものになっているかをチェックすることです。初心者の方が疎かにしてしまいがちなところでもありますが、クイズを成立させる上では最も重要な点でもあります。
　大事なことはいくつかありますが、現在一番重要なのは「インターネットの個人サイトやWikipediaなどでウラ取りをしない」という点です。百科事典サイト「Wikipedia」は非常に便利ですが、誰でも好き勝手に編集できるため、情報としての信頼度は高くありません。ネタ探しの段階で使う分には構いませんが、ウラ取りには絶対に使わないようにしましょう。
　たとえ辞書であっても1つのソースだけを鵜呑みにすることは危険です。例えば山の標高や「○○世界一」といった記録などは逐次再計測されたり塗り替えられたりしていますし、厳密性を欠いた記述がされていることも数多くあります。たとえ辞書から作った問題であっても、必ず他の辞書や本を参照したり、インターネットで検索したりして、問題文と異なる事実が出てこないかを確認しましょう。
　最後になりますが、「○○の中で、一番××なのは

何?」という類の問題に関しては、もし「○○」がリスト化されているようなものであれば、その「○○」のリストをすべて眺めて例外がないか、絶対に正しいかを何度も確認するようにしましょう。チェックしたつもりでも意外とミスがあるものです。

また、ここでは「成文化」と「ウラ取り」を分けて書いていますが、慣れてくるとこの２つを同時にできるようになってきます。ただし、１人でチェックするとどうしても穴が出てしまうので、クイズ大会などを開く際は、自分でチェックした問題を更に他の人にチェックしてもらったほうが無難です。

⑤問題文のチェック

さて、ここまでで問題の骨子は整いました。最後に、問題文が文章としておかしくないかのチェックを行います。

まずは、作った問題を改めて読みなおしてみましょう。「てにをは」や助詞の使い方がおかしい箇所はありませんか？

特に同格の助詞「で」を使った場合、「初代兵庫県知事にもなっている日本の政治家で、初代総理大臣になった人物は誰?」というように、問われるべき事項とイコールになっている名詞が複数回登場すると、不自然な問題文になってしまうことがよくあります（上の問題、「〜日本の政治家で、初代総理大臣になったのは誰?」という文章のほうが読んでいてしっくり来ませんか?）。この点には注意しましょう。

最後に、自分で問題文を音読してみましょう。もし

時間があれば、それを録音して聞いてみましょう。特に早押し形式で問題を出題する場合、「耳で聞いて分かる」ことが重要になってきます。耳で聞いたとき、他の同音異義語と区別ができないような言葉・表現は使われていませんか？

　例えば、「日本の国鳥は何でしょう？」という問題は解答者の耳に「にほんのこくちょうはなんでしょう？」と聞こえます。しかし、このままでは「こくちょう」の部分が「国鳥」「国蝶」のどちらなのか解答者には判別できません。

　上のような例だけでなく、0.1秒を争う早押しクイズでは、文脈から何を指しているかが想定できない熟語の使用は避けたほうが無難です。特に問題文の最初のほうで使用する場合は、なるべく違う言葉に言い換えるか、分かりやすく読み下した説明を入れたりしましょう。先ほどの例を使えば、

「日本の国（くに）の鳥（とり）・国鳥（こくちょう）は何でしょう？」

　とすれば、口頭でも問題文の意味が十分伝わります。

　以上、簡単でしたが問題作成の基本をご紹介しました。なお、複数のプロセスを同時に行うことができるように見えるかもしれませんが、応用に基本が先立つことはありません。最初は一つ一つのプロセスを丁寧になぞってみてください。

　問題を数多く作るにつれ、問題づくりのコツや面白さが分かって来ると思いますし、クイズの実力アップにも繋がります。

　みなさんが良い問題を作れることを願っています！

東京大学クイズ研究会

1982年創立。大学のクイズ研究会の中でも有数の伝統を誇り、『ブレインワールドカップ』(フジテレビ系列)で優勝し世界一になるなど、様々なクイズ番組で活躍する猛者が集う博識集団。
「クイズを楽しむ」ことに重点を置いた活動を行っており、近年ではゲームやテレビ番組などへも精力的に問題を提供している。

☆本書クイズ作問者☆
片渕陽平　佐藤克典　安達光　森雄太郎　白須結人
武富康朗　近藤大介　金岡良明　三野高正

東大クイズ研の
すごいクイズ 500 《第3版》

2021年11月9日　第3版第1刷発行

編　著	東京大学クイズ研究会
発行者	鵜野義嗣
発行所	株式会社データハウス
	〒160-0023　東京都新宿区西新宿 4-13-14
	☎03-5334-7555 (代)
	HP http://www.data-house.info/
印刷所	三協企画印刷
製本所	難波製本

Ⓒ 東京大学クイズ研究会
2021、Printed in Japan
落丁本・乱丁本はお取り替えいたします。1248

ISBN978-4-7817-0248-3　C0076

【東大クイズ研のクイズ問題集シリーズ】

『東大クイズ研　日本一のクイズ』

（本体 1,000 円 + 税）

東大クイズ研シリーズ第二弾。前作から続く問題形式『ジャンル別クイズ350問』はもちろん、新たに東大クイズ研の精鋭8人と対決できる『早押し対決』やクイズ試験としての『ペーパークイズ』など、前作からさらにパワーアップしたクイズ問題集！

『東大クイズ研　世界一のクイズ』

（本体 1,000 円 + 税）

極上のクイズ問題545問!!
6ジャンルからなる『ジャンル別クイズ』をはじめ、『100問ペーパークイズ』『東大クイズ研早押し対決』など、多彩な形式の良問クイズが次々登場。
1問1問に十分な解説がつき、様々なジャンルの周辺知識も一気に習得可能！
東大クイズ研が贈る極上のクイズ問題集をお楽しみあれ！

『キミには無理かも!? 東大クイズ研　異次元クイズ』

(本体 1,000 円 + 税)

◎大丈夫。東大クイズ研のクイ
　ズ本だよ
◎これが東大クイズ研の真の姿
　だ！
◎東大クイズ研、乱心！
◎君はこの本を受け入れること
　が出来るか
◎これが新世界のクイズだ！
◎異次元に一度迷うと戻れない
◎これもクイズ
◎ついて来い、時代の最前線！
◎最凶のクイズ本、誕生

◆　　　◆　　　◆

『東大まるごとクイズ』

(本体 1,000 円 + 税)

テーマは「東京大学」。
これ一冊読めば東大に関する
クイズは万全。
　◎入学試験問題
　　　「文系受験」
　　　「理系受験」
　◎東大問題
　◎東大写真館
　◎専門授業
　　　「人文科学」
　　　「社会科学」
　　　「自然科学」